# *Vocabulaire politique*

**JEAN-MARIE DENQUIN**
**Professeur à l'Université de Rouen**

A Georges Drettas

DU MÊME AUTEUR

*Le renversement de la majorité électorale dans le département de la Corrèze,* PUF, 1976.
*Référendum et plébiscite,* LGDJ, 1976.
*1958, La genèse de la Ve République,* PUF, 1988.
*Introduction à la science politique,* Hachette, 1992.
*Les droits politiques,* Montchrestien, 1996.
*Science politique,* PUF, 5e éd., 1996.

ISBN 2 13 048560 X

Dépôt légal — 1re édition : 1997, octobre

108, boulevard Saint-Germain, 75006 Paris

Nostra damus, cum verba damus, nam fallere nostrum est :
Et cum verba damus, nil nisi Nostra damus.

*Distique contre Nostradamus*
attribué à Étienne Jodelle.

... is left a prey to words.

John Ford, *The Broken Heart.*

# INTRODUCTION

**Vocabulaire politique et vocabulaire de la science politique.** — Une tentative de recensement et d'analyse du vocabulaire politique doit évidemment répondre, en premier lieu, à une question préalable : qu'entendre par cette expression ? Selon quels critères déterminer ce qui relève du vocabulaire politique et ce qui n'en fait pas partie ? Le problème se pose évidemment pour tout vocabulaire spécialisé. Mais ici sa gravité est accrue par le fait qu'on ne se trouve pas en présence d'un langage technique – le langage juridique par exemple – que son ésotérisme isole clairement aux yeux du non-initié. Il est donc clair qu'on ne saurait toujours parvenir, en cette matière, à des solutions objectivement fondées. Une part de subjectivité subsiste nécessairement : telle formule qui semble, aux yeux de l'un, relever du vocabulaire politique, paraîtra, aux yeux de l'autre, étrangère à celui-ci. Cette incertitude est structurelle : elle n'est pas le fruit d'une insuffisance dans la méthode, mais bien le reflet d'une réalité qui doit être observée. Cette indifférenciation relative a cependant le mérite paradoxal de suggérer un critère de différenciation, au moins relatif, avec un discours qui traite de la politique mais s'est constitué, peu à peu, en langage technique : le vocabulaire de la science politique. Celui-ci s'est en effet bâti, comme tout langage scientifique, au moyen d'un effort de conceptualisation qui visait à isoler, décrire et expliquer les phénomènes de la vie politique. Dans ce processus, la science politique a certes repris à son compte certains termes issus du langage spontané de la politique : le cas le plus remarquable est celui des mots **droite, gauche, centre,** mais d'autres pourraient être cités (*cohabitation*, *présidentiable*, etc.). Inversement des termes savants sont entrés dans l'usage courant (*idéologie*, *charismatique*, *attrape-tout*, etc.). Il n'existe donc pas de barrière étanche entre les deux domaines. Mais qu'une frontière puisse être franchie ne prouve pas qu'elle n'existe pas. Car la différence n'est pas dans les vocables utilisés : nourrir cette idée simpliste serait s'interdire *a priori* toute intelligence du problème en postulant que la différence entre vocabulaire politique et vocabulaire de la science politique est une différence d'essence. En réalité la différence tient à ce que la science politique utilise – ou du moins vise à utiliser – les mots comme des concepts décrivant le monde réel. La science politique produit des énoncés constatifs, qui décrivent des états de choses, et qui sont susceptibles d'être vrais ou faux. C'est du moins l'objectif vers lequel elle doit tendre pour honorer son nom. Tout ce qu'elle produit, éventuellement, en surplus (exposés normatifs, modifications induites du comportement des acteurs) cesse d'être de la science politique et redevient simplement de la politique. Or le vocabulaire politique est au service d'objectifs radicalement différents. Il sert à construire des énoncés dont le but n'est pas de décrire la réalité et qui, comme on le verra, sont insusceptibles d'être vrais ou faux, soit parce qu'ils constituent des jugements de valeur, soit parce que les réalités qu'ils évoquent n'existent pas dans le monde réel. Leur sens réside donc dans la force illocutionnaire qu'ils sont censés produire, étant entendu que celle-ci se distingue à la fois de la force illocutionnaire produite par tout énoncé, y compris constatif, par le seul fait qu'il est énoncé, et de la force illocutionnaire des performatifs qui accomplissent l'acte auquel ils font référence par le fait même de leur énoncé. En d'autres termes le vocabulaire politique se distingue par le fait qu'il a un sens pragmatique et ne représente pas un état de choses pour lequel des conditions de satisfaction pourraient être spécifiées. Le discours politique peut certes parler du réel – encore qu'il le fasse pour des raisons tout autres que le discours scientifique : s'il dit vrai, c'est seulement parce qu'il y a intérêt et dans la mesure où il y a intérêt – mais dans ce cas il le fait avec les mots du langage ordinaire ou des langages techniques étrangers à la politique, notamment celui du droit[1]. On entendra donc par vocabulaire politique l'ensemble des mots et des formules élaborés non pour mettre le langage au service du réel mais pour accomplir des fonctions spécifiquement politiques qui consistent à mettre le réel au service du langage, ou plutôt à mettre grâce au langage le réel au service de la politique. C'est un essai de recensement de ces mots et expressions qui constitue la matière de ce livre. Il en résulte qu'il ne faut pas y chercher une définition des termes qui possèdent un référent dans le monde réel : les institutions – dont le référent est d'autant plus aisément identifiable que c'est le langage qui les crée –, les doctrines, dont l'analyse relève de l'histoire des idées, les régimes politiques ne seront pas plus considérés que les concepts élaborés par la science politique pour rendre compte des réalités politiques. Des notions telles que celle de *parti-charnière*, de *fonction agrégative des partis politiques*, de *socialisation politique*, etc., bien connues de l'analyse politique, mais très rarement citées dans le discours politique lui-même, ne seront pas prises en compte. De même on n'étudiera pas des termes comme *socialisme* ou *racisme*, dont la fréquence et l'importance dans le discours politique ne sont pas à souligner, parce qu'ils décrivent des réalités analysables comme telles, et n'ont pas d'usage pragmatique distinct de leur contenu explicite[2]. Si l'on analyse à l'inverse des mots comme **pouvoir, idéologie**

1. Il est vrai qu'existent quelques termes techniques propres à la politique et qui décrivent effectivement des états de choses. Mais ils sont rares, et généralement en rapport avec le mécanisme électoral *(ballottage, duel, triangulaire, parachutage)*.

2. Ce qui ne préjuge pas, évidemment, de la pertinence de leur emploi. On peut certes qualifier de *raciste* quelqu'un qui n'est pas raciste, mais on peut aussi qualifier de *crapule* quelqu'un qui n'est pas une crapule. Ceci ne semble pas justifier que l'on recense le mot crapule dans le vocabulaire politique – au sens bien sûr où l'on entend ici ce terme.

ou **politique,** ce n'est pas avec l'intention de rendre compte exhaustivement des phénomènes en cause mais seulement parce qu'ils ont, marginalement, un usage pragmatique spécifique. Enfin si l'on étudie les usages non politiques d'un terme comme **social** c'est parce que son usage politique se définit par contraste avec ceux-ci.

**Diversité du vocabulaire politique.** — Ainsi circonscrit, le champ de l'enquête n'en reste pas moins très vaste. En effet c'est par simple commodité que l'on parle de vocabulaire politique au singulier. En réalité il en existe plusieurs sortes. Le vocabulaire politique varie avec le pays. Nul ne saurait douter que chaque culture politique élabore le sien, en fonction de son histoire, de ses institutions et de tous les paramètres complexes qui interfèrent dans la vie sociale : le vocabulaire politique de la Russie stalinienne n'est pas celui de la Suisse ou des États-Unis. Ici on ne considérera que le vocabulaire politique français. Mais l'histoire introduit aussi des différences très marquées. Le vocabulaire politique du XIX^e^ siècle était vaste et complexe, structuré par des valeurs et des affrontements aujourd'hui caducs. Il possédait ses clichés (char de l'État, hydre de l'anarchie) et son jargon spécifique, dont la valeur exacte s'est souvent perdue, car une désuétude rapide est la loi du genre[1]. Plus récemment la III^e^ République eut son vocabulaire (*gouvernement de concentration républicaine*, *président-potiche*, etc.), tout comme la IV^e^ (*tripartisme*, *faire son tour de piste*, *lever une hypothèque*, etc.). Ces formules s'expliquaient par des mécanismes institutionnels, et ont disparu avec eux. Mais des conjonctures spécifiques produisent aussi une floraison de formules volatiles : par exemple les boutades du général de Gaulle ont, au début de la V^e^ République, suscité tout un vocabulaire (*inaugurer les chrysanthèmes*, *quarteron*, *volapück*, etc.) ; l'ère pompidolienne eut les siens *(cactus)*

1. On peut citer l'exemple de l'adjectif *bousingot* (républicain extrémiste sous Louis-Philippe) dont P. Bénichou a retracé – autant qu'il était possible – l'histoire (cf. P. Bénichou, *Variétés critiques*, J. Corti, 1996, p. 79-109).

ainsi que la première cohabitation *(noyaux durs)*. A côté de ces variables d'époque il convient de considérer les variables d'organisation. L'exemple du Parti communiste est évidemment ici le plus remarquable. Aucune autre formation politique n'a fait un usage aussi massif, systématique et différencié du langage comme moyen d'affirmation identitaire, de défense contre un environnement hostile et de constitution d'un univers mental spécifique[1]. Il existe aussi des variantes individuelles : c'est ainsi que M. Giscard d'Estaing a investi une grande part de son inventivité naturelle dans des innovations linguistiques : sous son septennat il existait des êtres humains sans *condition*, d'autres pourvus d'une *condition* spécifique (féminine, militaire) ; on vit apparaître la *décrispation*, le *trilogue*, les hommes politiques *conceptuels*, etc. Ce champ d'investigation immense est peu étudié : il est bien souvent abandonné aux chansonniers et aux humoristes, alors que c'est un sujet sérieux et qui peut apporter des enseignements très intéressants sur les phénomènes politiques. Il ne saurait être question ici d'en faire un recensement exhaustif, que la nature même de l'objet rend d'ailleurs plus que problématique. On se bornera donc à un choix, qui privilégie massivement l'époque contemporaine mais ne s'interdit pas quelques incursions dans un passé récent quand celles-ci apparaissent utiles.

**Arbitraire et détermination.** — Le champ de la recherche ainsi précisé, il convient d'aborder de front la question du *sens* des termes et expressions qui constituent le vocabulaire politique. Problème évidemment central et qui commande tous les autres. Les études quantitatives du langage politique ont été, par exemple, très développées : mais à quoi sert-il de compter les occurrences du mot **nation** si on ne sait pas ce qu'il signifie ? Or en matière de sens, le langage politique hésite – comme d'ailleurs tout langage – entre deux conceptions oppo-

1. Voir A. Kriegel, *Communismes au miroir français*, Gallimard, 1974, p. 97-114.

sées : l'une pose l'arbitraire radical du sens. L'autre affirme au contraire que le sens des mots est déterminé et que tout écart par rapport à celui-ci constitue une inacceptable déviation. Quelle interprétation choisir ?

En premier lieu il semble que l'arbitraire domine. En effet les dénominations sont libres : chacun peut utiliser les mots comme il veut. Si une loi imposait une signification aux mots, elle serait elle-même arbitraire à moins de reposer sur une loi antérieure, et ainsi à l'infini. Rien n'empêche donc, d'appeler, comme dans le fameux roman d'Orwell, *1984*, le ministère de la Guerre *ministère de la Paix* et la guerre *lutte pour la paix*. On peut se dire **bolchevik** (majoritaire) quand on est minoritaire. On peut nommer *centriste* un parti de droite, *plan social* un licenciement collectif, etc. Toutefois le sens commun éprouve un sentiment non moins puissant mais contraire : celui qui voit dans les mots l'expression nécessaire de l'essence des choses. Il existe par exemple une essence de l'extrême droite, ce qui permet de discuter sur la question de savoir si tel ou tel parti doit ou non être subsumé sous ce concept. N'y a-t-il pas aussi des expressions qu'on ne peut employer sinon par boutade ou provocation, bien qu'elles ne contreviennent pas aux règles de la langue, sous peine de se disqualifier soi-même ? Divers exemples en seront donnés plus loin. Dans ces conditions un usage correct du langage est le fondement nécessaire de toute politique et l'art de gouverner implique d'abord de rectifier les dénominations, comme disaient Confucius et Marat[1]. A la réflexion toutefois ces deux approches apparaissent également intenables. La seconde est naïve puisque la première

1. Confucius : « Zilu dit : "Si le souverain de Wei vous invitait et vous confiait le gouvernement, que feriez-vous en premier lieu ? » Le Maître dit : « Rectifier les noms, pour sûr !" » (*Lun Yu*, XIII, 3, trad. P. Ryckmans, Gallimard, 1987, p. 71). Pour Marat, voir le chapitre intitulé « Dénaturer le nom des choses », dans *Les chaînes de l'esclavage* (1774, pour l'édition anglaise, 1792 pour l'édition française), UGE, 1972, p. 160-162. On notera en passant que la volonté de rectifier les noms, qui suppose une essence de choses exprimables par le langage, n'est nullement, comme on le prétend parfois, le propre d'une attitude politique réactionnaire. Tout est affaire de situation.

est possible mais la première ruine toute communication. Elle est fondamentalement contradictoire : à quoi sert-il de qualifier le ministère de la Guerre de ministère de la Paix si paix en vient à signifier guerre ? On peut donc se demander si l'on ne doit pas poser l'idée de signification conventionnelle : les mots ont la signification que le groupe des locuteurs conventionnellement leur accorde ; ils sont des *étiquettes* comme les noms que les partis se donnent à eux-mêmes et qui, bien qu'arbitraires, permettent de se repérer. Cependant cette idée se heurte à une évidence massive : beaucoup de mots utilisés dans le langage politique ne sont pas les résultats de conventions, même implicites : ils sont déterminés par l'usage, qui s'impose aux individus et que ceux-ci ne peuvent modifier, sinon de façon marginale. Il convient toutefois d'observer que des deux idées de convention et d'usage allient intimement l'arbitraire et la détermination. La convention crée arbitrairement du déterminé. Et l'usage est certes déterminé en ce sens qu'il est extérieur au locuteur mais il est également variable : des expressions comme **bavure, brebis galeuse** ont, comme on le verra, profondément changé de sens en quelques années. Au total il apparaît donc que le langage politique, comme tout langage, est sous-déterminé : il oppose une certaine résistance à ses utilisateurs qui, dans le cas contraire, n'auraient ni possibilité ni motif de l'utiliser. Mais cette résistance n'est que relative : la marge incompressible d'indétermination que comporte tout langage constitue à la fois un enjeu et un moyen essentiels de la politique.

**Modes de formation.** — Spécifique mais non technique, véhiculant des significations à la fois déterminées et arbitraires, le vocabulaire politique se forme de manière très diverse. Il semble que l'on puisse distinguer schématiquement trois grands axes : le néologisme, la spécification et la citation.

Les *néologismes* sont rares dans le vocabulaire politique. Cette rareté est le revers de son caractère non technique, lui-même reflet de la nécessité où sont les hommes politiques de parler le langage de tout le monde. Les seuls cas concernent les adjectifs – éventuellement substantivés – formés sur le patronyme des hommes politiques. Critère de la notoriété, facile à forger et à comprendre, ces termes tendent à se multiplier. Leur usage est très instructif; parfois la nécessité d'indiquer de subtiles nuances provoque la formation de doublets *(gaulliste/gaullien, mitterrandiste/mitterrandien)* ; dans d'autres cas les fréquences relatives du terme sous forme adjectivale et sous forme substantivée mesure, de manière contrastée, l'influence et le style politique de l'individu (on dit les Giscardiens mais non les Pompidoliens). Ces termes décrivent des réalités informelles (à la différence de l'appartenance à un parti), subjectives, évolutives. Ils se prêtent à toutes les manipulations.

Par *spécification* il faut entendre la tendance à spécialiser, dans un sens politique précis, des termes du langage ordinaire dont on sollicite ou au contraire modifie les connotations pour produire un effet proprement politique. En cette matière n'importe quoi marche. Tous les hasards conjoncturels peuvent être mis à profit (d'**éminence grise** à *cohabitation*). Certains champs sémantiques semblent cependant privilégiés : ceux de la guerre *(campagne, citadelle, bastion),* des souvenirs médiévaux *(féodalité, fief, allégeance)* ou du sacré **(état de grâce**, **État-providence).** Un cas intéressant est celui des noms de lieux substitués aux titres officiels des institutions (*Place Beauvau* pour ministère de l'Intérieur, *Bercy* pour ministère des Finances, etc.). On peut voir dans cette pratique – dont la vogue ne diminue pas, comme en témoigne le second exemple – une volonté de créer, en introduisant une idée de familiarité, un jargon pour *happy few* (à vrai dire ni très *happy* ni très *few...*), mais aussi des nuances de permanence (les ministres passent, l'adresse demeure), d'anonymat (comme chez Kafka le château se substitue à ses habitants), de fatalisme et d'euphémisme (on dit plus volontiers « la place Beauvau ne veut rien entendre » que « le ministre ne veut rien savoir » : il est moins gênant d'incriminer les murs que les gens) et de centralisation (il va sans dire que les adresses citées se trouvent à Paris – mais le phénomène peut se reproduire au niveau local).

Plus généralement il semble important que le pouvoir, entité abstraite, soit localisé : c'est un des moyens par lesquels le langage le fait accéder à l'existence.

Enfin le vocabulaire politique recourt à la *citation*, c'est-à-dire à l'usage d'un mot qui devrait logiquement être accompagné de guillemets – car il est utilisé en tant que mot et non comme référent à une réalité extérieure – mais ne l'est pas – car l'efficacité du procédé tient justement à ce qu'il n'est pas exhibé comme tel. Tel est le cas lorsqu'un terme descriptif comme **amalgame, bouc émissaire** ou **effet d'annonce** est utilisé comme moyen de disqualifier le phénomène auquel on l'applique. Dire par exemple d'un discours de l'adversaire : « C'est un effet d'annonce ! » n'a pas pour but d'analyser objectivement celui-ci, mais de lui faire perdre tout crédit, et s'utilise aussi commodément que le reproche soit ou non fondé. Tel est également le cas lorsqu'une formule, d'abord utilisée comme euphémisme en vient à être perçue comme une accusation aggravée **(bavure, affaires).** Tel est le cas enfin lorsqu'on retourne une formule pour lui faire dire par dérision le contraire de ce qu'elle prétend dire **(démentir, lendemains qui chantent)**[1] ou pour lui faire jouer un rôle inverse de celui qu'elle est censée produire (**politiquement correct,** utilisé en France pour *dénoncer* et non *affirmer* une orthodoxie).

**Fonctionnalité du vocabulaire politique.** — C'est toutefois par ses fonctions que s'affirme l'originalité du vocabulaire politique. Originalité relative d'ailleurs : il importe d'insister sur le fait que le langage politique n'est qu'un aspect du langage tout court et qu'il entretient des affinités étroites avec d'autres formes de langage spécialisé. Les points de contacts avec le langage administratif sont nombreux, en raison des liens étroits qui existent entre les deux univers, tant au point de vue des problèmes que du

1. Ceci est également applicable à l'image comme en témoignent les avatars du **Couteau entre les dents** (cf. P. Buton et L. Gervereau, *Le couteau entre les dents. 70 ans d'affiches communistes et anticommunistes*, Chêne, 1989, p. 18-23).

personnel concerné. Ainsi *modification de parité* pour *dévaluation* pourrait être indifféremment classé dans l'un ou l'autre : l'euphémisme est une loi des deux genres. L'accroissement des termes administratifs dans le discours politique peut d'ailleurs être considéré comme un symptôme : il fut manifeste en France au début des années soixante. C'est toutefois avec le langage médiatique que les affinités s'avèrent les plus significatives. Leurs contraintes sont en effet identiques : il faut *remplir,* car il est indispensable de dire quelque chose, même si l'on a rien à dire ; il faut *transfigurer* l'insignifiant, car il faut avoir l'air de dire des choses importantes même quand on n'a pas de choses importantes à dire ; il faut *camoufler* ce qui serait en contradiction avec la ligne, éditoriale ou idéologique ; enfin il faut *séduire* l'auditoire. A ces quatre points de vue la considération du vrai est seconde et ne vient que par surcroît. La seule différence est que le discours médiatique privilégie structurellement l'anormal et le marginal, alors que le discours politique n'a pas la même obligation : logiquement il devrait même plutôt faire l'inverse. Il s'agit là de fonctions générales, dont les conséquences au niveau du vocabulaire sont inégales, parfois diffuses. Remarquable est néanmoins la fréquence, dans le discours politique, des termes qui rapportent des faits ou des propos en évitant de prendre position sur la question de la vérité et que l'on pourrait nommer opérateurs de neutralisation : **accréditer, démentir**[1], **polémique, attaque personnelle, lynchage médiatique, manichéisme, amalgame** (au sens non descriptif) s'appliquent aussi bien à la vérité qu'au mensonge. Les quatre derniers valent en outre condamnation. Mais comme celle-ci porte sur la *forme*, rien n'empêche que les propos stigmatisés soient exacts. Ces formules présentent donc un grand avantage : elles permettent de frapper l'adversaire même s'il dit objectivement la vérité et d'ailleurs sans prétendre qu'il ne

1. Ainsi que *réfuter* puisque, dans l'usage médiatique actuel le mot ne signifie plus, comme jadis, *apporter un démenti fondé sur une démonstration considérée comme pertinente par le locuteur*, mais est devenu un simple synonyme de *démentir.*

la dit pas. Il convient également de noter un recours systématique à l'euphémisme, accru à l'époque contemporaine par l'usage des médias : le fait de s'adresser à des auditoires non sélectionnés contraint les hommes politiques à user de formules édulcorées **(adversaires, contre-vérité)** et renforce leur tendance naturelle à exprimer les réalités désagréables de façon discrète **(normalisation, redéploiement, plan social, déficit d'explication, manque de lisibilité).** Parfois d'ailleurs l'effet d'euphémisation se retourne contre lui-même **(bavure).** Dans le même ordre d'idée, il convient d'observer la mise au point d'un vocabulaire spécifique de la candidature. Tout candidat se heurte en effet à un problème délicat : il doit à la fois séduire l'électeur et faire son propre éloge – exercices qui risquent de s'avérer contradictoires. (Le problème est ancien. Plutarque avait déjà écrit un traité intitulé : **Comment se louer soi-même sans exciter la jalousie.**) Il existe donc des formules que le candidat (et ses agents) peuvent utiliser : **homme de dialogue,** de **conviction,** de **terrain, dynamique, humaniste, généreux.** Mais on ne saurait se qualifier, ou se laisser qualifier, d'intellectuel, d'homme cultivé ou bien élevé, tous termes impliquant une distance. On ne peut plus se vanter d'être un chef, ni évidemment un **homme providentiel.** Il faut constater enfin le succès de formules creuses que l'on pourrait appeler panacées linguistiques ou opérateurs universels : expressions qui s'appliquent à tous les contextes, s'adaptent à tous les discours, pallient toutes les pannes d'inspiration, permettent de soutenir indistinctement une thèse et son contraire – non sans produire une apparence de sérieux et susciter un effet de profondeur : **réforme de structure, formation, subsidiarité, technostructure, débat d'idées, solutions miracles, réinventer, volontarisme, élever le débat.** (Notons que les cinq derniers sont toujours présentés comme *absents* ce qui confirme leur nature essentiellement rhétorique.) Non moins universels, mais péjoratifs, sont les noms génériques du mal, vrais boucs émissaires linguistiques : **administration** (dans certains contextes), **bureaucratie, technocratie.** (Il existe aussi des boucs émissaires linguistiques *locaux,* c'est-à-dire relatifs à un postulat idéologique, **capitalistes, bourgeois, gauchistes, staliniens,** etc.)

**Assimilation et dissimilation.** — D'autres expressions ne se comprennent au contraire que dans un contexte politique. Certaines sont forgées pour produire un effet spécifique, qui doit être explicité au cas par cas (**anticommunisme primaire, apporter de l'eau au moulin de l'ennemi, politique politicienne, enrichissement personnel,** etc.). Mais il en est qui illustrent des phénomènes généraux. C'est le cas, tout d'abord, des fonctions d'assimilation et de dissimilation. La politique implique en effet que l'on *préfère* tels individus (pour gouverner le pays, diriger la commune, etc.) et que l'on en écarte d'autres, alors que les premiers ne se distinguent guère ou pas du tout des seconds. Il faut aussi que des actes *identiques* accomplis par les uns et les autres soient distingués, admirés ou réprouvés selon qu'ils ont pour auteurs des amis ou des ennemis. A l'inverse il peut être nécessaire de *confondre* (dans un même éloge, une même réprobation) des individus ou des actes que tout conduit à distinguer. Le discours politique doit donc impérativement gérer la nécessité stratégique de distinguer ce qui devrait être confondu et de confondre ce qui devrait être distingué.

Au niveau de la dissimilation, les ressources lexicales sont massivement mises en œuvre. Rien n'est plus frappant en effet que la fréquence des couples, de même extension sémantique, mais dont un terme est approbatif ou neutre alors que l'autre est péjoratif: *fermeté/intransigeance*, *rigueur/austérité*, *stabilité/immobilisme*, *pragmatisme/opportunisme* (ou décisions, mesures, etc., de *circonstances*), *droits acquis/privilèges*, *indépendantistes/séparatistes* (ou *sécessionnistes*), *état de droit/juridisme*, *fidèle/godillot*, *crispation identitaire/retrouver ses racines*, *homme politique/politicien*, *changement d'avis/reniement*, *remaniement/replâtrage*. Il est certain qu'aucune différence de signification ne peut être trouvée entre ces formules sinon la différence de leur signe, tout comme *Napoléon* et *l'ogre corse* désignaient la même personne bien qu'ils différassent par la dénotation. Il en résulte que les énoncés qui les emploient ne sauraient être vrais ou faux, puisque, bien que contraires, ils s'appliquent à des états de choses identiques. Mais ces faits ne sont pas perçus par le sens commun. Il suffit donc de réserver certains mots à soi-même et les autres à l'adversaire pour insinuer l'idée d'une différence essentielle entre l'un et l'autre. Dans certains cas, plus rares, la dissimilation interdit d'appliquer certains adjectifs à certaines familles politiques : on ne saurait dire *droite généreuse*, *gauche dure* ou *droite caviar*, pas plus qu'on ne saurait qualifier de *passéiste* un attachement particulier aux immortels principes de 1789, de *réactionnaire* la volonté de ressusciter l'Union soviétique ou d'**ordre moral** l'antiracisme. Mais il serait bien hasardeux de fonder sur ce fait une analyse en termes d'essences : incontournables au niveau du vocabulaire, ces formules ne le sont évidemment pas au niveau du discours. D'autant qu'il existe un opérateur universel de dissimilation : l'adjectif **vrai,** qui dans tous les cas, permet d'introduire une distinction de valeurs entre les bonnes et les mauvaises manifestations d'un phénomène quelconque.

Si la dissimilation a engendré un riche vocabulaire, il n'en va pas de même de l'assimilation. A part quelques exemples épars *(socialo-communiste)* et un opérateur spécifique qui s'appuie sur la dénonciation d'une mauvaise dissimilation **(deux poids, deux mesures),** cette fonction se satisfait des termes péjoratifs courants. Le propre de l'assimilation est en effet d'appliquer des définitions (fascistes, racistes, staliniens, gauchistes, etc.) à des individus qui ne les méritent pas. Ce qui est en cause, c'est donc le rapport du langage au réel et non des aménagements intralinguistiques comme dans les autres phénomènes considérés ici.

**Implication et désimplication.** — Une autre fonction spécifiquement politique dont on retrouve la trace dans le vocabulaire est liée à la problématique de la contingence et de la nécessité. La politique consiste en effet à lier deux séries de faits qui sont au moins partiellement indépendants : l'état du monde d'une part, la personne des gouvernants d'autre part. A cet égard on observe une double dissymétrie : le point de vue *gouvernemental* est inverse de celui de l'*opposition* ; les positions s'échangent selon qu'on se situe *avant* ou *après* l'événement. Ces divers cas de figure ont engendré un vocabulaire spécial : on peut nommer les formules concernées opérateurs d'implication et de désimplication en jouant sur le double sens, actif et passif, logique et judiciaire, du verbe *impliquer*.

Les opérateurs d'implication sont « Ce n'est pas un **hasard** si... » et « Qu'on n'évoque pas la **fatalité** ! ». Le premier a une valeur universelle : il affirme la responsabilité nécessaire des gouvernants dans l'état par hypothèse calamiteux du monde. Naturellement l'expression doit être adaptée à chaque occurrence concrète (« **Ce n'est pas un hasard si** le peuple manque de pain : le roi protège les accapareurs », etc.). Mais elle possède un dynamisme propre. Elle est irréfutable, car elle ne comporte aucun correspondant assignable dans le réel : quel état de choses serait donc susceptible de la rendre vraie ou fausse ? En revanche elle touche une fibre psychologique profonde, car elle désigne un coupable, responsable unique du mal social, bouc émissaire de toutes les difficultés et de toutes les angoisses. Le refus de la fatalité est affirmé, en revanche quand une catastrophe individualisée, si l'on peut dire, s'est produite. Il vise à récuser l'argument par lequel les dirigeants politiques essaient de s'exonérer de toute responsabilité en arguant de leur impuissance devant des mécanismes qui les dépassent. (On peut remarquer que ces formules ne seraient pas utilisées si les gouvernants avaient en l'affaire une responsabilité personnelle et directe. Si le ministre inoculait lui-même du sang contaminé à un patient, il *ne serait pas* nécessaire de dire « Ce n'est pas un hasard si... ».)

A l'inverse les opérateurs de désimplication affirment la contingence des phénomènes. Parler de **récupération** ou de **politisation** vise à dénoncer un rapport indûment établi par l'adversaire entre des faits qu'il conviendrait de ne pas mettre en relation. « Il ne faut pas **jeter le bébé avec l'eau du bain** » est le symétrique exact de « Ce n'est pas un **hasard** si... » : ici l'expression sert à indiquer qu'un système politique mis en cause en raison de tel dysfonctionnement ne doit pas être pour autant rejeté, car les inconvénients relevés sont des *accidents* qu'il ne faut pas imputer au régime mais à quelques malencontreux concours de circonstances. La même disjonction entre essentiel et accessoire s'observe dans **bavure** (ou du moins s'observait quand la formule est apparue), **brebis galeuse** (au rebours du sens primitif), **loi des séries** (ersatz de fatalité), **fracture sociale.** Le cas de **bouc émissaire** est remarquable : en effet l'expression, utilisée *de re*, décrit un mécanisme d'implication. Mais *citée*, elle devient un opérateur de désimplication. Dire en effet : « Landru a été un bouc émissaire » revient à nier l'idée d'un rapport nécessaire entre la condamnation de Landru et sa culpabilité, et donc à mettre en doute la seconde en jetant la suspicion sur la première. Évoquer le **bouc émissaire** (ou le **lampiste**) permet donc de décrédibiliser une accusation sans avoir à en démontrer la fausseté. Il convient de remarquer aussi que le rejet de la **fatalité** peut également servir d'opérateur de contingence lorsqu'on se situe *avant* l'événement et que l'on veut s'opposer aux gouvernants qui se réclament d'une quelconque nature des choses. Ici l'expression est employée pour accréditer l'idée d'une pluralité de solutions possibles en récusant les nécessités mises en avant par les responsables : « Le chômage n'est pas une **fatalité.** »

**Le vocabulaire politique et les valeurs.** — Il convient enfin d'aborder de front une question qui sous-tend toutes les observations présentées jusqu'ici : le vocabulaire politique est intégralement normatif. Mais il ne se limite pas à véhiculer des valeurs : il les crée dans une certaine mesure et met en scène les complexes manipulations auxquelles elles donnent lieu.

Dans un premier temps, il convient de distinguer trois stades. Au premier stade les termes sont neutres, en ce sens que la valeur qui leur est attribuée dépend entièrement des présupposés du locuteur et de l'auditeur : les termes qui désignent des partis politiques (communiste, socialiste, gaulliste, etc.) sont évidemment positifs pour les militants de ces formations et péjoratifs pour leurs adversaires. De même des formules comme *école laïque*, **libéralisme, construction européenne** sont ambivalentes : seules les circonstances de l'énoncé peuvent en spécifier la valeur. Au second stade on trouve des termes qui ont une valeur plutôt péjorative mais peuvent cependant être, si l'on peut dire, repêchées grâce à des formules consacrées *(au bon sens du terme, légitime)* : ainsi on peut défendre le *conservatisme (conservateur au bon sens du terme),* la **violence** *légitime* (mais l'expression est de moins en moins acceptée), l'**ordre,** voire le *capitalisme.* Au troisième stade enfin on a des termes que *rien* ne peut réhabiliter, au point que l'on ne saurait, même par boutade ou provocation, leur associer l'adjectif *bon* : ainsi en est-il de **censure, exclusion, délation, répression, récupération, intolérance, politisation, ordre moral, démagogie, manichéisme, sectarisme, terrorisme, racisme, technocratie, gouvernement des juges.** Ce sont des concepts pavloviens : il suffit de les prononcer pour obtenir à coup sûr la réaction de réprobation attendue. Il en résulte que ceux à qui on applique ce genre d'étiquette ne peuvent y échapper en s'efforçant de réhabiliter la chose, mais seulement en affirmant que l'association n'est pas fondée. Le problème n'a pas de solution lexicale. Par un phénomène remarquable d'asymétrie sémantique, ces termes n'ont en effet pas d'équivalent présentant la même extension mais avec une connotation positive ou neutre. Qui veut échapper à l'opprobre qu'ils charrient doit les contourner par des discours construits sur des fondements entièrement renouvelés. (Notons un autre phénomène d'asymétrie : il ne semble exister aucun terme positif rebelle à toute disqualification : même **humanitaire** peut être pris en mauvaise part. Dans le langage politique le sens péjoratif semble en quelque sorte peser plus lourd.)

Les termes analysés jusqu'ici sont fortement qualifiés, mais leur qualification est pour ainsi dire statique. Il existe d'autres cas où les termes fonctionnent au contraire comme des opérateurs, de valorisation ou de dévalorisation. Mais ici chaque cas se divise en deux, car les opérations en question peuvent être approuvées ou désapprouvées par le locuteur. Il existe ainsi des opérateurs de bonne valorisation, qui affirment la légitimité d'un passage du fait à la valeur. Positivement on a les impératifs : **devoir civique, devoir électoral, tolérance.** (**Politiquement correct** serait à ranger dans cette catégorie si le terme était utilisé en France, comme aux États-Unis, au premier degré. Mais on sait que tel n'est pas le cas.) Négativement on observe les prohibitions **délation** et **intolérance.** A l'inverse signalent une mauvaise valorisation : **ordre moral, pensée unique, diabolisation.** Ces formules disqualifient globalement (c'est-à-dire sans réfutation spécifique) les valeurs auxquelles on les associe. **Politiquement correct,** pris au second degré, fournit maintenant à la droite un équivalent approximatif de ce qu'**ordre moral** est à la gauche : on ne peut dire « L'antiracisme, c'est l'ordre moral ! », mais on peut dire « L'antiracisme est politiquement correct ! » dans un but de disqualification.

La réduction de la valeur au fait peut de même être approuvée ou récusée. Dans le premier type il faut ranger les opérateurs de bonne dévalorisation que sont **phénomène de société** et **moyen d'expression** : « la drogue est un phénomène de société », « la violence est un moyen d'expression », sont autorisés. En revanche « le racisme est un phénomène de société » ou « la xénophobie est un moyen d'expression » ne le seraient pas : cette dissymétrie suffit à établir qu'on est bien ici dans le domaine de la valeur et pas dans celui de l'observation sociologique. **Individualisme** joue parfois le même rôle, mais le terme demeure ambivalent : son sens péjoratif paralyse souvent son usage en tant que vecteur de réhabilitation. A l'inverse il existe un opérateur qui signale une mauvaise dévalorisation ; c'est le mot **banalisation.** Pur indicateur de sens interdit, le terme ne saurait être employé comme impératif positif : « il faut banaliser » ne présente à l'évidence aucun sens.

**Le vocabulaire politique et le réel.** — Le vocabulaire politique paraît refléter le réel. C'est la condition de sa crédibilité. Pour le sens commun, la **droite,** la **gauche,** la **volonté du peuple,** etc., sont des essences, et cette croyance se fonde justement sur le fait qu'il existe des mots pour les désigner. Il va de soi que ces certitudes sont des illusions. Prétendre classer la totalité des phénomènes humains en deux catégories, droite et gauche (voire en trois, si l'on y ajoute le **centre**) relève du délire paranoïaque. Supposer que ces mots recouvrent des continuités, alors que leur contenu change d'une époque à l'autre et qu'on ne peut généraliser aucun des critères proposés pour les définir sans engendrer des paradoxes inacceptables, est à peine moins absurde. La **volonté du peuple** n'est pas immanente à celui-ci mais doit être construite selon des procédés artificiels. Plus généralement, tous les phénomènes relevés ont pour trait commun d'être au service de présupposés antérieurs, qui sont de nature stratégique : il faut soutenir ses alliés et combattre ses adversaires. Le vocabulaire politique naît des contradictions entre cet objectif et les résistances du réel. Quand la réalité donne raison à une politique, le langage ordinaire suffit. Mais quand il n'en est pas ainsi – et, dans la meilleure hypothèse, il ne saurait en être ainsi en un instant donné que pour un seul des compétiteurs – le langage reçoit la charge de soigner les blessures infligées par le réel. Aristote le savait déjà : « La parole est affaire de souhait, et l'événement affaire de hasard. »[1]

Il résulte de ces faits que toute interprétation du vocabulaire politique fondée sur d'autres hypothèses est illusoire. Y chercher une profondeur, théorique ou psychologique, ne peut conduire qu'à des impasses. Le vocabulaire politique ne traduit pas un savoir intuitif de la politique, plus vrai que celui des politologues : il vise bien plus souvent à dissimuler la réalité qu'à l'exprimer. De même il est vain de prétendre interpréter le vocabulaire politique comme un ensemble de symptômes ou d'indices à déchiffrer. La recherche d'un vocabulaire de droite, par exemple, qui permettrait de classer objectivement les individus et révélerait leur psychologie profonde ne fait que transposer l'illusion de l'essence et ne saurait aboutir qu'à des déceptions. Car tout est affaire, non de psychologie,

1. *Politique*, VII, 12, 1331 *b*.

mais de conjoncture : il existe moins un discours de droite et un discours de gauche qu'un discours de gouvernement et un discours d'opposition. En outre les mots sont à tous, chacun peut les répéter, les emprunter, modifier leur sens, quelles que soient sa structure psychologique et ses allégeances partisanes. Loin de traduire les attitudes inconscientes de celui qui l'emploie, le vocabulaire politique est une technique qui s'apprend et se perfectionne. Ne s'use-t-elle pas aussi ? Une partie de son efficacité tient au caractère inapparent de ses mécanismes. Une prise de conscience trop précise de ceux-ci peut conduire soit à une libération de ses médiocres vertiges, soit à l'utilisation purement cynique qu'en font les conseillers en communication. Mais il n'est pas exclu que ces deux branches de l'alternative convergent : le discrédit actuel de la politique – ou d'une certaine politique – ne serait-il pas d'abord un discrédit de la rhétorique politique ? Si le fait se confirmait, le vocabulaire politique ne serait plus seulement mensonger : il serait inopérant.

# A

**Accréditer.** Ce terme s'emploie surtout dans la formule canonique « Il ne faut pas accréditer l'idée que... ». On notera que celle-ci présente le grand avantage rhétorique de récuser une idée sans prendre position sur la vérité du fait évoqué. Elle peut en effet s'appliquer aussi bien à un mensonge qu'il ne faut pas répandre qu'à une vérité qui n'est pas bonne à dire. Elle est également neutre par rapport à l'opposition entre normatif et descriptif, car on peut la justifier par des arguments de fait comme de droit. Doublement ambiguë, elle permet de jouer sur tous les terrains sans risquer d'être pris en flagrant délit d'erreur, de mensonge ou de contradiction.

**Acquis social.** A la différence des **droits,** imprescriptibles et intemporels, les acquis sociaux s'inscrivent dans une histoire : ils sont le résultat des **luttes.** Mais l'expression vise à signaler l'existence, même sur des points secondaires qui ne sauraient être érigés en droits, d'un effet de cliquet : on ne saurait revenir en arrière car l'histoire se déroule dans un seul sens qui est celui du **progrès.** Cataloguer un objet quelconque comme acquis social équivaut donc à le déclarer intangible en droit. (Ce qu'il en advient en fait n'est en revanche pas de l'ordre du langage : si l'acquis social disparaît, il est facile d'oublier qu'on lui avait décerné ce nom.)

**Administratif, Administration.** Dans le vocabulaire politique français, ces termes sont ambivalents. D'une part, **administratif** est un antonyme admis de **politique.** On oppose une « décision administrative » à une « décision politique », un « responsable administratif » à un « responsable politique », ou une « élection administrative » (élections cantonales ou municipales, dont le contentieux relève de la juridiction administrative) à une « élection politique ». Cette distinction semble combiner l'idée d'importance inégale (une décision politique a plus d'envergure qu'une décision administrative) et l'opposition entre l'impartialité, fondée sur la norme et contrôlée par le juge, de la décision administrative et l'arbitraire de la décision politique. Le caractère positif que revêt dans la culture française le terme administratif est un symptôme du discrédit du politique. L'administration est aussi, bien sûr, détestée. Elle est un bouc émissaire pour les administrés comme pour les gouvernants ; voir **bureaucratie** et **technocratie.**

**Adversaire.** On dit **adversaire** pour ne pas dire ennemi, signe d'une certaine pacification du langage, sinon des comportements politiques.

**Affaires.** Dans la vie économique et sociale les affaires peuvent avoir une valeur neutre, voire approbative (« le monde des affaires », « un grand homme d'affaires »). Le mot peut cependant avoir des connotations inquiétantes : avant même la pièce de Mirbeau, *Les affaires sont les affaires* voulait dire qu'aucune considération autre que l'argent ne prévaut dès lors qu'il s'agit d'argent. Dans la vie politique, le terme d'affaires employé au pluriel – car l'usage du singulier ne manifeste généralement aucune spécificité par rapport à la langue commune : « c'est une grosse affaire » – est au contraire toujours violemment péjoratif. Il manifeste la confusion des plans et l'interférence d'enjeux matériels, personnels et intéressés avec les considérations qui, selon les valeurs reçues, peuvent seules motiver légitimement les actions politiques (grands principes, intérêt général, etc.). L'expression a en outre une forte connotation *pénale* puisque dans la France de la fin du XX^e^ siècle, aucun homme politique coupable ne saurait être sanctionné par ses pairs ou par ses électeurs : l'initiative d'un juge – aboutissant à une mise en examen, mais pas nécessairement à une condamnation – est donc nécessaire pour que des faits, choquants, scandaleux, ou supposés tels, accèdent à la dignité médiatique d'« affaires ». Il en résulte que le terme est lui-même infamant : « Il n'y a pas d'affaire Dupont ! » sera la première réaction de Dupont mis en cause. Pourtant, à l'origine, l'expression est euphémistique : elle se substitue au terme plus virulent de *scandale*, mais surtout évite l'utilisation de mots désagréables, parfois plus exacts, tels que trafic d'influence, concussion, vol qualifié, pots-de-vin. On cherchera en vain ces mots ici : ils appartiennent au vocabulaire juridique, non au vocabulaire politique.

**Agressivité, Agressif.** Dans un débat public ou face-à-face, il est bien venu de pouvoir accuser l'adversaire d'**agressivité.** L'émergence de cette catégorie est liée au développement des émissions politiques à la télévision. Celles-ci ont en effet imposé un style feutré, voire aseptisé, qui rend périlleux toute affirmation tranchée, dans la forme et même dans le fond. Qui déroge à cette loi non écrite peut être taxé d'agressivité – reproche d'autant plus efficace qu'il est censé disqualifier l'adversaire sans qu'il soit nécessaire de lui répondre ; voir **perdre son sang-froid.**

**Ajustement technique.** Euphémisme pur (qu'est-ce qui n'est pas un **ajustement technique** ?), la formule vise à suggérer préventivement l'idée que les mesures envisagées seront en fait moins pénibles qu'on ne serait *a priori* tenté de le croire. Son emploi est donc très mauvais signe pour les personnes concernées.

**Amalgame.** Tendance, à la fois psychologique et rhétorique, à ne pas distinguer des phénomènes qui devraient – en toute rigueur et en toute équité – faire l'objet de jugements de valeur différenciés. Cette tendance spontanée peut être transformée en procédé de propagande et utilisée de manière systématique pour disqualifier des adversaires en les assimilant à des individus, groupes ou concepts déjà honnis (à tort ou à raison) et avec lesquels ils entretiennent des liens, parfois étroits, parfois sollicités ou fabriqués de toutes pièces pour les besoins de la cause. De ce point de vue, le mot « amalgame » relève de l'analyse politique. Mais il passe parfois dans le vocabulaire politique quand il sert à dénoncer le comportement de l'adversaire. Par un jeu de bascule habituel en ces matières, il pourra alors servir non seulement à dénoncer une propagande odieuse et mensongère mais aussi servir d'antidote ou de bouclier verbal contre des accusions qu'un esprit impartial pourrait considérer comme justifiées...

**Ambition, ambitieux.** Termes ambivalents. Appliqué à un individu («c'est un ambitieux»), ce qualificatif constitue un grave reproche ou plutôt une accusation. On peut s'en étonner, dans la mesure où toute carrière politique implique le volontariat (voir **candidat**) : donc tout le monde est coupable, ou personne ne l'est, et il est absurde de particulariser le grief. Mais tout se passe comme si le reproche explicite visait en fait autre chose: un certain comportement, une certaine manière de laisser entendre, ou de laisser percevoir, que l'on entend brûler les étapes, bousculer les habitudes et que l'on est prêt pour arriver à renverser ou à sacrifier tout ce qui peut l'être. L'«ambitieux» est donc moins celui qui veut monter plus haut qu'il n'est que celui qui prétend s'élever selon des procédés inusuels et donc inquiétants. Il est doublement dangereux, en tant que concurrent sans scrupule et en tant que mauvais maître possible, si son entreprise réussit: rivaux et assujettis potentiels communieront donc pour le qualifier, avec une réprobation intense, d'**ambitieux.** En revanche, **ambition** est positif au sens de **projet** : «j'ai une grande ambition pour la France» n'est pas mal. Le passage entre les deux est assuré par le couple **ambition personnelle,** violemment péjoratif, et **ambition collective,** plus rare mais attesté et positif. (L'adjectif «grand» est ici conseillé: «Il faut une grande ambition collective!») Comment un sentiment négatif chez un seul individu peut-il devenir positif s'il est partagé par un grand nombre d'individus? C'est un mystère. Peut-être la condamnation de l'ambition relève-t-elle plus de la jalousie que de la morale?

**Américain.** La valeur de l'adjectif, pris dans le sens de «qui a rapport aux États-Unis d'Amérique», a beaucoup changé: 1/autrefois, volontiers péjoratif: quand Flaubert écrit « L'avenir est américain », c'est évidemment pour le déplorer ; 2 / aujourd'hui, dispense de toute argumentation supplémentaire.

**Ami.** Pour le commun des mortels, l'amitié est une catégorie psychologique et individuelle : nous fréquentons nos amis, négligeons les indifférents et fuyons nos ennemis. Il en va autrement en politique où le terme d'**ami** peut servir de nom de code à une réalité stratégique et collective : un individu qui manifeste les mêmes opinions que nous, opère les mêmes choix, etc., est un allié potentiel, même si l'on éprouve pour lui la plus vive aversion. La possibilité de ce conflit d'affinités a engendré l'expression **ami personnel** qui, hors de ce contexte, semblerait un pléonasme. Son contraire n'est évidemment pas « ami impersonnel », mais **ami politique.** La formule peut être utilisée de manière neutre ( « les amis politiques du maire » ) ou pour prendre ses distances ( « C'est un ami – un ami politique du moins » ). (La même disjonction du psychologique et du social existe dans l'expression « amitié d'affaires », qui désigne un partenaire habituel, sans connotation affective. Mais on ne dit pas « ami d'affaires ».) Dès lors qu'un régime se personnalise et que l'on admet l'interférence des sentiments dans les affaires de l'État (*a contrario* « ami personnel du général de Gaulle » n'a à l'évidence aucun sens : celui-ci n'avait que des amis et des amis politiques), **ami politique** prend en outre une valeur hiérarchique quand il est appliqué aux familiers du prince : depuis le septennat de M. Giscard d'Estaing, *ami personnel du président de la République* est devenu un titre quasi officiel. Enfin on doit obligatoirement qualifier d'ami un politicien du même bord auquel vous oppose un conflit public ( « Mon ami Tartempion raconte des inepties » ), car il ne faut pas paraître **agressif** ni prendre la responsabilité de la **division.**

**Ancien Régime.** Formule canonique pour désigner le régime monarchique qui a gouverné la France de l'origine à 1789. Elle présente l'avantage d'être neutre ou péjorative selon l'opportunité. En outre elle fige en une essence une réalité à l'évidence complexe – on peut supposer qu'il existe quelques différences entre la France de Louis VI le Gros et celle de Louis XVI – et qui appellerait des jugements différenciés. Cette unicité fantasmatique, qui ne possède aucun équivalent dans la réalité historique, constitue à l'inverse un fondement essentiel du discours politique puisqu'elle permet une qualification globale, sublime ou odieuse selon le point de vue du locuteur. Il est remarquable que, lors de l'**alternance** de 1981, la période immédiatement antérieure ait été qualifiée d'« Ancien Régime ». Il va de soi que jamais la formule n'a été plus fausse, puisque l'on n'avait même pas changé la Constitution, à la différence de ce qui avait été fait par exemple en 1946 et en 1958. Mais elle transfigurait, en faisant allusion à la fracture matricielle de l'histoire politique française, les vainqueurs des élections et stigmatisait les vaincus, archaïques et monarchiques. L'expression est asymétrique : quand la gauche perd les élections, on ne saurait qualifier les sortants d'« Ancien Régime », car elle est propriétaire de la formule.

**Anticommunisme.** Désigne tout comportement ou doctrine hostile au communisme. Le mot est utilisé à la fois par les adversaires des communistes et par ceux-ci. Pour les premiers il constitue un éloge. Pour les seconds, il est un anathème, qui fonctionne selon deux logiques distinctes. Appliqué à des adversaires qui se définissent comme tels, il dispense de toute argumentation : les individus stigmatisés sont désignés comme intrinsèquement mauvais, et toutes leurs affirmations sont *a priori* disqualifiées. Mais le mot peut aussi frapper des individus répudiés par le parti bien qu'ils se proclament eux-mêmes communistes. Dans ce cas il constitue l'étage suprême d'une escalade verbale, l'excommunication majeure. Il fonctionne comme un opérateur de vérité, qui arrache le masque : cet individu, qui se prétend communiste, a pour essence l'anticommunisme. Une attention particulière doit être d'autre part portée à l'expression **anticommunisme primaire.** Il convient d'abord d'observer que les locutions « antifascisme primaire » et « anticommunisme secondaire » ne sont pas attestées. Il ne saurait exister d'antinazisme primaire parce que le nazisme étant absolument mauvais, la seule attitude concevable à son endroit est une condamnation globale : c'est un impératif, et cet impératif est un. Distinguer plusieurs anticommunismes, serait à l'inverse postuler que toutes les manifestations de celui-ci ne méritent pas le même diagnostic. Or si l'idée est concevable – on pourrait imaginer non seulement « anticommunisme secondaire », mais « anticommunisme raisonnable », « anticommunisme légitime » – elle n'a engendré aucune formule canonique et cette absence est révélatrice de sa véritable fonction. En apparence en effet la dénonciation de l'anticommunisme primaire est un jugement de Salomon : elle ne nie pas, mais postule au contraire que certaines formes d'anticommunisme sont légitimes. Toutefois elle met en valeur le fait que, comme toute attitude systématique, l'anticommunisme pèche par excès : il ne fait pas la part des choses, refuse de prendre en compte la complexité du réel, diabolise un adversaire qui a droit, lui aussi, à voir son point de vue considéré. On comprend dès lors que les communistes aient repris à leur compte la formule. Certes, cette démarche impliquait un repli stratégique – tout n'est peut-être pas absolument radieux dans le communisme. Mais la condamnation sans nuance du communisme rendait aux communistes un espace intellectuel et politique que l'affrontement sans médiation du pour et du contre tendait à leur faire perdre, dès lors que la nature absolument bonne du communisme n'était plus soutenable. L'intérêt du Parti communiste et celui des créateurs de la formule qui, en l'employant, se campaient eux-mêmes dans le rôle d'arbitre, assuré et impartial au-dessus des passions humaines, étaient donc convergents.

**Antifascisme.** En toute rigueur, le mot ne devrait s'appliquer qu'à l'hostilité au régime de Mussolini. Mais il a été étendu à tout ce qui relève de la lutte contre le nazisme (d'où l'usage bien plus limité du terme **antinazisme**), puis contre les régimes ibériques de Franco et Salazar, puis à toutes les formes de droite autoritaire et enfin à tous les adversaires du mouvement communiste mondial que celui-ci jugeait souhaitable de désigner comme tel. La notion a joué un rôle central dans la légitimation du régime soviétique auprès de l'opinion occidentale, comme l'a montré magistralement M. François Furet : « L'idée toute négative d' "antifascisme" suppléait à l'impossibilité d'avancer en positif quoi que ce soit qui puisse unir les démocraties libérales au communisme stalinien. Elle était à la fois assez vague pour permettre à Staline d'écraser la démocratie partout où ses armes l'avaient portée, et assez précise pour condamner comme blasphématoire toute comparaison entre son régime et celui de Hitler » (F. Furet, *Le passé d'une illusion*, R. Laffont / Calmann-Lévy, 1995, p. 193).

**Antinazisme.** Si l'adjectif antinazi est assez souvent utilisé pour désigner des individus ( « résistants antinazis » ), le substantif **antinazisme** paraît d'emploi plus rare. Il n'est en tout cas usité que pour évoquer des réalités historiques et allemandes. Le fait est certes normal et ne mériterait aucun commentaire s'il n'en allait pas autrement du terme **antifascisme** qui s'étend largement hors de l'histoire italienne et avec lequel **antinazisme** en vient à entretenir le rapport d'espèce à genre : l'**antinazisme** n'est en somme que la variante allemande et datée de l'essence transhistorique qu'est l'**antifascisme.** Sans doute faut-il penser que les aspects les plus spécifiques – qui sont aussi les plus monstrueux – du nazisme rendaient l'assimilation de l'un à l'autre possible dans un sens seulement : l'antifascisme contient l'antinazisme, mais non l'inverse, comme le fascisme contient le nazisme sans que la réciproque soit vraie.

**Antiparlementarisme.** Tendance de l'opinion publique à imputer tous les maux au Parlement en tant qu'institution et aux parlementaires en tant qu'individus. Les nombreux scandales politico-financiers de la IIIe République ont contribué à développer ce sentiment attisé et manipulé en outre par divers mouvements de droite ou d'extrême droite, depuis le boulangisme jusqu'à l'Action française. Sous la IVe République le phénomène est encore présent parce que le régime de 1946, comme le précédent, fait du

Parlement le centre du pouvoir. En revanche la V<sup>e</sup> République l'ignore pour la raison simple que le pouvoir a déserté le Palais-Bourbon et que l'opinion publique en a depuis longtemps pris conscience, même si les modalités constitutionnelles de la chose lui échappent largement. C'est donc par un abus de langage manifeste que de nombreux commentateurs – plus journalistes que politologues il est vrai – agitent le spectre de l'**antiparlementarisme** dès que l'opinion manifeste une certaine défiance à l'égard de la politique. L'explication de ce fait, *a priori* surprenant, est sans doute seulement qu'aucun autre mot n'est disponible : « antipolitisme » n'existe pas et serait d'ailleurs équivoque car un tel mot pourrait s'appliquer au rejet des dirigeants en place comme au refus anarchisant de toute politique. Ici l'analyse du langage politique débouche donc sur un fait curieux et fait prendre conscience d'une absence : qui est exactement l'ennemi contre lequel s'élève un sentiment diffus mais fort de détestation ? Ce n'est évidemment pas le Parlement au sens institutionnel du terme. Ce n'est pas le gouvernement, puisque les politiciens d'opposition ne sont pas épargnés. Ce n'est pas la **classe politique,** bien que cette approximation soit souvent avancée, puisque une partie des individus qui entretiennent ce thème en font partie. Mais alors qui est-ce ? L'absence de mot est le reflet, obscur mais ressemblant, de l'absence de concept. Il est également remarquable que cette difficulté ne frappe apparemment personne : définir avec clarté le problème ne servirait en fait à personne. Les approximations sont certainement reposantes et peut-être prudentes.

**Appel.** Un discours particulièrement solennel adressé à la nation, à la conscience universelle, aux siècles futurs, etc., et qui vise à mobiliser les énergies en vue d'un but, pourra porter le nom élégant d'« appel ». L'expression paradigmatique est évidemment l'« Appel du 18 juin », qui visait en effet un tel objectif et qui en outre était une sorte de bouteille à la mer. Caractère dont rend bien compte le terme choisi : un appel peut ne pas être entendu. Disparition des grandes causes ou dégoût de la rhétorique grandiose, les appels tendent à se raréfier. On note toutefois **L'appel de Cochin** (6 décembre 1978) par lequel M. Chirac, en traitement dans l'hôpital du même nom, suggérait – sans grand écho – un sursaut contre **le parti de l'étranger** – vraisemblablement l'UDF, parti du chef de l'État, M. Giscard d'Estaing. L'expression **appel de Cochin** est parfois encore utilisée pour qualifier une initiative qui ne semble pas répondre à une nécessité clairement définie et dont les suites s'avèrent peu satisfaisantes.

**Apporter de l'eau au moulin de l'ennemi.** Cliché usuel dans la rhétorique du Parti communiste, à l'époque où celui-ci avait explicitement recours au vocabulaire de la guerre, et destiné à flétrir le comportement de toute personne qui émettait des réserves à l'égard du fonctionnement interne ou de la ligne du parti. Il convient d'observer que l'emploi de l'expression implique deux choses. Premièrement la personne à laquelle ou dont on parle n'est pas un ennemi. Deuxièmement ce qu'elle dit est vrai : car, dans le cas contraire, on dirait au camarade abusé « Tu te trompes ! » et au camarade menteur « Tu mens ! » On a donc ici un exemple remarquable d'instrumentalisation du langage, puisque la formule permet de condamner l'expression d'une vérité inopportune sans en nier la pertinence et de dissimuler en même temps la dissonance qu'elle manifeste.

**Apolitique, apolitisme.** Si la politique n'était pas l'objet de jugements de valeur contradictoires, sa négation aurait un caractère purement descriptif et le mot « apolitique » n'aurait pas sa place dans un **Vocabulaire politique.** Mais il n'en est pas ainsi : la politique est parfois exaltée, plus fréquemment vilipendée. Dès lors son envers devient un enjeu et le qualificatif **apolitique** va parfois se trouver au cœur des batailles politiques. D'autre part les réalités politiques auxquelles ce terme s'oppose sont elles-mêmes hétérogènes. Ce mot a donc divers sens selon le contexte. On peut en distinguer quatre : 1 / Le premier sens est celui de l'apolitisme de combat, qui rejette toutes les réalités politiques. Il prétend les détruire et pas seulement les dénoncer. C'est dans ce sens particulièrement fort que les syndicats sont dits **apolitiques** dans la tradition anarcho-syndicaliste. L'anarcho-syndicalisme fut en effet une idéologie révolutionnaire qui entendait détruire l'ordre établi, synonyme d'exploitation économique et d'oppression politique. Mais les anarcho-syndicalistes refusaient d'utiliser pour ce faire les méthodes politiques traditionnelles et en particulier la forme d'organisation qu'est le parti. Pour eux le syndicat devait suffire à renverser l'ordre établi grâce à la grève générale *(le grand soir)* puis à gérer la société nouvelle qui ne connaîtra plus, l'exploitation de l'homme par l'homme ayant pris fin, que des problèmes d'organisation technique. En ce sens l'**apolitisme** n'est donc nullement un désintérêt de la politique en tant que problématique (quoi de plus politique que de travailler effectivement au renversement de l'ordre établi ?) mais bien au refus de la politique en tant que technique de manipulation. Important historiquement, ce sens n'est plus guère usité : la tradition anarcho-syndicaliste s'est effondrée après la première guerre mondiale et, même si des vestiges en subsistent dans certaines franges du mouvement syndical français, sa logique ne correspond plus à la problématique contemporaine. 2 / Dans un second sens **apolitique** va désigner les syndicats réformistes qui refusent de subordonner les luttes syndicales à une stratégie politique et plus particulièrement à des directives partisanes. Ce programme est négativement clair : il exclut l'inféodation d'un syndicat à un parti, comme par exemple celle de la CGT après 1945 au Parti communiste, et constitue un slogan mobilisateur compte tenu des préventions générales contre la politique. Positivement il est en revanche ambigu, car les syndicats entretiennent avec les gouvernements des rapports constants et complexes d'affrontement et de négociation. Ces rapports sont inévitablement politiques. Mais une telle analyse relève de la science politique. Au point de vue politique, un syndicat qui se déclare **apolitique** donne de lui-même une autodéfinition significative et suffisante pour l'objectif qu'il poursuit. 3 / Dans un troisième sens le mot **apolitique** est associé au mot **candidat.** La formule a un caractère paradoxal : comment en effet peut-on se présenter à des élections dont nul ne conteste le caractère politique tout en se définissant comme **apolitique**? Cette difficulté explique que l'expression soit plus volontiers usitée dans le cas d'élections locales que d'élections législatives. Mais surtout, elle est différemment connotée selon l'orientation politique. A gauche, où l'engagement politique est en principe valorisé, l'expression est considérée avec ironie : elle passe pour symboliser la tendance des adversaires à ne pas assumer leur choix. A droite au contraire elle est utilisée à la fois comme moyen de récupérer la défiance d'une partie de la population à l'égard de la politique en général et – du moins ce fut le cas tant qu'un tabou verbal a pesé sur le mot de droite – comme euphémisme. Enfin le terme est parfois pris comme synonyme de **sans étiquette.** Les deux formules ne sont pas équivalentes, puisque la seconde est moins radicale que la première. Mais dans la rigueur très approximative qui caractérise la matière l'une peut être prise pour l'autre. 4 / **Apolitique** peut enfin être synonyme de « qui ne présente pas de caractère politique ». Il est clair par exemple que les dromadaires sont apolitiques. Mais un tel emploi ne relève pas en fait du **vocabulaire politique,** car il implique un usage descriptif du langage, lui-même induit par une démarche réflexive sur ce qu'est ou n'est pas la politique. Un homme politique, dans l'exercice de ses fonctions, a peu d'occasions d'apprécier le degré de politisation des dromadaires. Dans cette acception, l'expression « non politique » est d'ailleurs généralement préférée à celle d'**apolitique.**

**Approche.** L'un des problèmes structurels de la rhétorique politique est de persuader les électeurs de ce que tout va changer s'ils votent pour un certain candidat – alors que l'expérience des électeurs convainc évidemment ceux-ci du contraire. Le problème est particulièrement aigu pour les **sortants.** Une solution à ce problème est de promettre une **nouvelle approche.**

**Arrivisme.** L'emploi du mot est étroitement lié à la problématique de l'ambition. Il est à peu près synonyme d'**ambition personnelle.** Peut-être assume-t-il cependant une nuance plus intense de mépris. Il paraît également s'appliquer à des poissons plus petits : on peut dénoncer l'**ambition personnelle** d'un candidat à la présidence de la République ; il semblerait incongru de l'accuser d'**arrivisme.** Les deux observations n'en font sans doute qu'une : il est plus délicat de mépriser les puissants.

**Atlantisme.** Accusation portée, notamment par les hommes politiques se réclamant de la tradition gaulliste, contre les individus ou partis soupçonnés de sacrifier toute chose aux intérêts des États-Unis d'Amérique. Le terme n'est plus guère usité, sans que l'on sache exactement si cette occultation provient de la disparition des accusateurs, de ce que les pécheurs ont cessé d'être pécheurs ou de ce que le péché à cessé d'être péché.

**Attaque personnelle.** « Pas d'attaques personnelles ! » est un cri corporatif des politiciens. Le public est censé ne pas aimer les attaques personnelles – mais à vrai dire on ne voit pas que son avis lui ait été demandé. Il semble que convergent ici des ordres de faits assez différents. L'un procède de ce que Norbert Elias a nommé la « civilisation des mœurs » : il n'est plus admis de se moquer des handicaps physiques ou des malheurs privés qui affectent les individus ou de s'en prendre à la communauté (ethnique, religieuse, linguistique, régionale, etc.) dont ils sont issus. On ne peut à l'évidence que s'en réjouir. Mais d'autre part le tabou porté contre les **attaques personnelles** présente deux avantages. D'une part il permet de ne pas poser (tout comme **accréditer**) le problème de la vérité. Convient-il de ne pas dire qu'un voleur est un voleur ou qu'un incapable est un incapable ? La chose pourrait se discuter. D'autre part le refus des **attaques personnelles** prend, dans la culture politique française une connotation spéciale dans la mesure où celle-ci – à la différence de la culture politique anglaise ou américaine – interdit toute allusion à la **vie privée** des hommes politiques, même quand celle-ci a des incidences sur les finances publiques. Faut-il s'en réjouir ? Il convient en tout cas de se souvenir de ce fait lorsqu'on écoute les tirades enflammées que suscite automatiquement des termes comme **transparence** ou **censure.**

**Autoproclamé.** Terme utilisé parfois au sens péjoratif de « dépourvu de légitimité » (« La République autoproclamée des Serbes de Bosnie »). On observera que tout régime révolutionnaire ou tout État qui affirme son indépendance contre la volonté d'un colonisateur est par hypothèse **autoproclamé.** Comme il arrive souvent en matière de **vocabulaire politique,** ce n'est donc pas le caractère péjorativement souligné qui est la cause du jugement péjoratif: c'est parce que l'on n'aime pas la République des Serbes de Bosnie qu'on la qualifie d'autoproclamée. En revanche on n'indique pas que la République française fut autoproclamée en 1792 bien que ç'ait été à l'évidence le cas. On ne dit rien non plus des compétences autoproclamées (politiciens, journalistes, etc.).

**Autoritaire.** Terme toujours péjoratif. On peut se féliciter d'être *énergique*, mais non d'être **autoritaire.**

**Autre politique.** Expression apparue vers le milieu des années quatre-vingt-dix, et qui n'apparaît intelligible que par opposition à l'idée de **pensée unique.** L'**autre politique** prétend proposer une alternative à cette dernière : elle remet en cause, au nom de la défense de l'emploi et des intérêts du pays, la politique du franc fort et la réalisation des objectifs de convergence prévus par le traité de Maastricht. Selon qu'on est pour ou contre, le terme peut se prononcer avec une nuance de mépris ou sur le ton de la dévotion lyrique. On peut noter, depuis l'apparition du terme, que ses adversaires répètent périodiquement que plus personne ne croit à l'**autre politique.** Quoi qu'il en soit du fond (qui n'a pas à être considéré ici), il convient de remarquer que le singulier de l'expression est en lui-même singulier : pourquoi *une* autre politique et non plusieurs ? On soupçonne dans l'**autre politique** le double inversé de la **pensée unique** et dans leur confrontation un avatar de la lutte éternelle du bien et du mal

– notions évidemment réversibles selon le point de vue adopté.

**Avancé.** La notion de **progrès** justifie que l'on qualifie d'**avancé** toute réalité censée aller dans le bon sens. Le mot est donc a peu près synonyme de **progressiste** avec une nuance intensive, due à l'usure du premier terme : des idées **avancées** sont plus à gauche que des idées **progressistes.** Dans le langage communiste, est **avancé** tout phénomène qui, sans atteindre au niveau du socialisme, facilite l'évolution vers celui-ci *(démocratie avancée)*. Mais le langage exclut l'exclusivité : on vit ainsi M. Giscard d'Estaing lancer la formule *société avancée.*

**Avancée.** Une concession de l'adversaire dans une négociation s'appelle une avancée : légère amélioration, saluée du bout des lèvres, mais qui ne saurait masquer qu'un long chemin reste à faire. Une **avancée significative** signale en revanche qu'on est sur la bonne voie.

**Avant-garde.** Les partis communistes sont traditionnellement présentés comme l'**avant-garde** du prolétariat. Le mot est remarquable, car il a pour but de signifier deux choses différentes et à la limite contradictoires. 1 / Pour expliquer que la révolution prolétarienne annoncée par Marx ne se produisait pas, Lénine a posé en principe que les ouvriers laissés à eux-mêmes ne remettent pas en cause l'ordre existant mais tentent seulement, à travers les luttes économiques, d'améliorer leurs conditions matérielles. Ils ne feront donc pas la révolution dont la nécessité historique a pourtant été établie par Marx. Dès lors le Parti révolutionnaire ne saurait être un parti ouvrier – au sens d'une formation où la volonté des ouvriers s'imposerait – mais bien un parti où la fusion des intellectuels révolutionnaires, qui savent distinguer l'objectif, et d'une minorité de prolétaires conscients dirigent la masse du prolétariat pour conduire, éventuellement contraindre, celui-ci à réaliser sa mission historique. En d'autres termes, le parti n'est pas la conséquence de la classe et de la lutte des classes :

c'est lui qui les crée. 2 / C'est cependant sur les masses ouvrières que le parti s'appuie : il n'a pas d'autre armée à sa disposition. Bien que les principes du léninisme n'aient rien de secret – il suffit de lire les textes – il convient donc de faire comme si le parti répondait aux sollicitations des **masses** et de toujours mettre en avant son union étroite avec elles. L'idée centrale du léninisme (dont les conséquences historiques furent ce que l'on sait) est donc à la fois proclamée et occultée. 3 / L'expression **avant-garde du prolétariat** réconcilie de la manière la plus heureuse ces deux perspectives : en tant qu'**avant-garde,** le parti connaît le chemin, l'indique, et peut contraindre les masses pour leur bien, qu'il connaît, qu'elles ignorent. Mais en tant qu'avant-garde du **prolétariat,** il demeure lié à elles, et cette affirmation est censée lever tous les doutes et toutes les interrogations.

**Aventure.** Risque majeur, quoique non défini, qui attend le pays si l'on écoute les propositions de l'adversaire, si l'on vote en sa faveur, etc. Les perspectives sinistres que le mot a pour fonction d'évoquer sont-elles l'instauration d'une dictature ? La guerre civile ? Qu'est-ce que l'aventure ? Il est difficile de le savoir puisque par hypothèse le terme n'est employé que lorsqu'il ne se passe rien : s'il se passe quelque chose, les mots spécifiques se présentent tout de suite à l'esprit. Le plus probable est qu'il faut entendre cette peur de l'inconnu qu'évoquait Anatole France dans *Monsieur Bergeret à Paris* (chap. IX) et qui maintient les gouvernés dans l'obéissance. Il est remarquable que la formule, très usitée dans la rhétorique des régimes précédents soit aujourd'hui quasiment tombée en désuétude. Faut-il y voir une décrue de nos luttes civiles ? Les peurs ont-elles changé de nature, ou est-ce la rhétorique catastrophiste qui a changé de registre ? Il semble en tout cas qu'on n'effraie plus grand monde en prophétisant l'**Aventure** !

**Aventurisme.** Terme usité au Parti communiste pour désigner une faute tactique qui consiste à dévoiler trop tôt ses batteries par suite d'une surestimation de sa force. Pouvait également servir à condamner le comportement, réel ou supposé, d'un État étranger.

# B

**Banalisation.** La notion de banalisation est à l'évidence un terme central de l'univers politico-médiatique contemporain. C'est un concept nouveau, car il répond à des ressorts psychosociaux eux-mêmes nouveaux : personne n'aurait l'idée de dire qu'Hitler a banalisé les thèses racistes, car l'idée de banalisation ne s'applique pas à la propagande mais aux effets pervers de l'information. Elle ne se manifeste pas par l'affirmation de thèses (vraies ou fausses), mais par l'usure des valeurs. On peut distinguer plusieurs stades dans ce processus, donc plusieurs sens du terme : 1 / le premier est celui de l'habitude, née de la répétition : la publicité banalise les procédés surréalistes (ceux, par exemple, de Magritte), en les parodiant systématiquement. Ce qui était précieux parce que rare devient vulgaire parce que prodigué. Ce sens est peu usité en politique bien que la présence trop obsédante d'un homme politique dans les médias ou la répétition trop fréquente d'un slogan puisse sans doute produire un effet de cet ordre ; 2 / la banalisation désigne ensuite le comportement de l'individu qui parle d'un phénomène condamnable sans dire qu'il est condamnable. Ce faisant il n'enfreint pas une valeur (car il n'est pas interdit de parler du mal) mais il n'accomplit pas son devoir qui est de dire que le mal est un mal, ou de le laisser entendre, chaque fois qu'on le rencontre. Évoquer un problème objectivement – c'est-à-dire sans précaution oratoire – est ambigu aux yeux des gardiens des valeurs : est-ce un effort de distance critique ou une manière subreptice de contourner les interdits légitimes ? Choisir entre les deux branches de l'alternative suppose en définitive un pari sur les véritables intentions de l'orateur et toute condamnation résulte nécessairement d'un procès d'intention – justifié ou non. Mais le terme évite précisément de choisir : dans les deux cas on parlera de banalisation bien que la première hypothèse relève de la maladresse alors que la seconde implique la malignité. En ce sens évoquer les problèmes liés à l'immigration pourra s'appeler « banaliser les thèses du Front national » ; 3 / la banalisation peut enfin désigner le fait explicite, mais condamné par le locuteur, de légitimer un comportement ou un phénomène jusqu'alors officiellement réprouvé ; 4 / il va de soi que ces trois sens s'interpénètrent. Une formule telle que « la banalisation du régime de Vichy » peut se lire selon ces trois axes ; 5 / jusqu'ici on a admis implicitement que le terme de banalisation est nécessairement péjoratif. Toute banalisation est-elle condamnable ? Non, mais une banalisation *positive* porte d'autres noms : elle s'appelle **phénomène de société** ou **moyen d'expression.** On voit bien l'opposition entre « Il ne faut pas banaliser la drogue », qui déplore une évolution regrettable, et « la drogue est un phénomène de société », qui prend acte d'une situation de fait. L'expression **problème de société** met entre parenthèses les valeurs alors que l'évocation de la **banalisation** les réaffirme implicitement.

**Banlieue.** Jusqu'aux années quatre-vingt, le terme **banlieue** était purement géographique et descriptif : Neuilly-sur-Seine était une banlieue de Paris. (Toutefois la valeur péjorative fréquemment associée au terme avait suscité, pour distinguer ce cas et quelques autres, l'expression « banlieue chic », aujourd'hui à peu près tombée en désuétude pour cause de contradiction dans les termes.) Aujourd'hui euphémisme utilisé pour désigner des quartiers abritant une population qui pose des problèmes spécifiques, mais dont on ne souhaite pas préciser la spécificité.

**Baroudeur.** Ce mot a d'abord valeur militaire : le baroud implique le combat, l'action individuelle, l'improvisation et l'honneur préférés à l'effort collectif, à l'organisation et à l'efficacité. En politique le mot conserve ces valeurs, mais avec une nuance d'excuse voire de tendresse : « C'est un baroudeur » signifie à peu près que l'individu en question est susceptible d'initiatives inattendues, mais inoffensives. Ne se dit donc pas d'un adversaire.

**Battant.** Se dit d'un politicien de droite qui entend fonder son image sur l'idée de dynamisme, sinon d'efficacité (après tout, un battant n'est pas un *gagneur*...). Le terme semble assez laudatif pour qu'on ne le dise jamais d'un adversaire. Même si l'activisme militant est très prisé à gauche, il n'est jamais donné à lui seul comme un critère déterminant d'excellence.

**Bavure.** L'évolution du sens du terme *bavure* est particulièrement intéressante. A l'origine il fonctionne comme une excuse. L'idée de **bavure** évoque en effet celle d'un accident regrettable mais exceptionnel et marginal. Le mot est censé traduire le fait que l'événement est de l'ordre du contingent : loin de manifester un vice constitutif du système, il doit être attribué à des causes locales et imprévisibles (faute individuelle, circonstance fortuite). Comme **fatalité,** le terme est un opérateur de contingence. Mais l'usage massif qu'en ont fait les médias, en l'associant systématiquement à des situations de drame, a paradoxalement produit le résultat inverse : **bavure** est aujourd'hui une étiquette aggravante et l'autorité mise en cause doit s'efforcer de démontrer qu'on *n'est pas* en présence d'une bavure, autrement dit que les faits rapportés ne sont pas dramatiques, ou du moins que leur origine est purement contingente. Le sens de l'expression s'est donc exactement retourné. Le terme **brebis galeuse** a connu une évolution inverse.

**Bilan.** Tout changement de gouvernement s'accompagne aujourd'hui de discussions sur le bilan du gouvernement précédent. Le fait est nouveau, car il est un sous-produit de l'**alternance** : auparavant l'absence de rupture nette entre les équipes gouvernementales paralysait en effet ce type de problématique. Figure imposée, la controverse autour du bilan fait peu recette. Elle vient en effet après l'événement qui en est la cause nécessaire. Elle s'adresse à l'opinion publique, mais sa facilité d'emploi fait également sa faiblesse : rien de plus simple que d'évoquer globalement le « bilan » et de présenter des chiffres que personne n'ira vérifier ; mais rien aussi qui laisse l'opinion plus sceptique. L'opération commence ordinairement en fanfare (Commission du bilan, etc.) pour se perdre rapidement dans les sables, sans que soit dressé un bilan du bilan... Plus floue, la notion d'**héritage** est d'un maniement plus aisé.

**Bolchevik.** Le terme pourrait à lui seul résumer tout le **vocabulaire politique** : on sait en effet qu'il signifie en russe « majoritaire » et que Lénine en a décoré sa faction alors que celle-ci était... minoritaire. Le mot, exotique et farouche, est ambivalent : il exalte le romantisme révolutionnaire, mais est aussi le terme préféré des adversaires du communisme. Pendant la guerre, les actualités allemandes n'emploient jamais les mots « russe » ou « soviétique », mais seulement le mot **bolchevik** qui appelle les associations d'idées les plus sinistres (« le bolchevique au couteau entre les dents »). Après guerre, dans notre pays, il n'a plus qu'un sens historique : les réalités contemporaines sont dites « soviétiques » quand il s'agit de l'URSS et « communistes » quand il s'agit de la France.

**Bonapartisme**, **bonapartiste.** Le mot peut être pris en deux sens : 1 / un sens historique : le bonapartisme est l'idéologie spécifique développée par les deux Empires au XIXe siècle ; 2 / un sens contemporain. Il s'agit en effet d'un concept – ou pseudo-concept – développé par certains auteurs comme élément d'une typologie à trois termes, avec le **légitimisme** et l'**orléanisme,** de la droite française. Le bonapartisme serait une tradition spécifique, caractérisée par l'autoritarisme, le recours à l'homme providentiel et l'appel au peuple. Son avatar moderne serait le **gaullisme.** L'idée apparaît fortement sujette à caution : il n'existe aucune filiation, ni personnelle ni idéologique, entre bonapartisme et gaullisme ; les différences entre les deux phénomènes sont manifestes ; les sociétés où ils se sont développés n'ont rien de commun. Mais – et c'est en cela que le terme justifie sa présence ici – un mot n'a pas besoin d'être adéquat à ce qu'il prétend nommer pour jouer un rôle dans le **vocabulaire politique.** Or **bonapartisme** et **bonapartiste** ont dans la tradition française, depuis la III^e République, une connotation nettement péjorative. Dire que « le gaullisme est un bonapartisme » ne renseigne guère sur les concepts – quel type de rapport *un* bonapartisme entretient-il avec *le* bonapartisme ? – mais peut s'avérer un argument décoratif dans la polémique courante. Usage d'ailleurs marginal et qui ne semble guère émouvoir le bon peuple.

**Bouc émissaire.** Par allusion à une coutume biblique, on parle de bouc émissaire dans les cas où un individu, innocent, faiblement coupable ou coupable parmi d'autres, est déclaré responsable unique des malheurs publics et traité en tant que tel. La formule est d'usage dans tous les domaines de l'activité humaine. Mais elle entretient des liens privilégiés avec la politique : 1 / dans plusieurs cas la désignation d'un bouc émissaire apparaît comme la seule solution à la portée des dirigeants politiques. Il en est ainsi lorsque la solution d'un problème est à la fois indispensable et impossible ; ou lorsque l'émotion publique exige des mesures immédiates alors qu'aucune action rationnelle n'est possible à court terme. Le bouc émissaire est donc bien ici la solution magique – sans doute objectivement illusoire mais peut-être psychologiquement efficace – à une question sur laquelle on n'a pas d'autre prise ; 2 / mais l'efficacité du procédé est conditionnée par le caractère inconscient de l'opération. Autrement dit l'effectivité du bouc émissaire entendu *de re* (sens 1) exige qu'il ne soit pas explicitement reconnu pour tel. Qualifier *de dicto* le bouc émissaire de « bouc émissaire » équivaut en effet à refaire le chemin en sens inverse, c'est-à-dire à exhiber le caractère magique et irrationnel de l'opération. Donc si le choix d'un bouc émissaire *(de re)* est un mécanisme d'implication, l'expression bouc émissaire *(de dicto)* est un opérateur de désimplication : « M. Machin sert de bouc émissaire dans cette affaire ! » est une manière de décrédibiliser la condamnation de

M. Machin et de montrer qu'il n'existe aucun lien nécessaire entre celle-ci et la situation qui est censée la fonder. Toute défense de n'importe quel accusé (coupable ou non) doit donc commencer par l'affirmation selon laquelle celui-ci n'est qu'un bouc émissaire : formule d'absolution universelle dont on attend des effets non moins magiques, mais, inverses, que ceux visés en sens 1).

**Bourgeois.** Il existe un décalage infranchissable entre le sens sociologique (qui vit bourgeoisement – ce qui ne signifie pas *richement*, mais selon un système de pratique et de valeurs justement caractéristique de la bourgeoisie et pour lesquels l'argent n'est ni nécessaire (quoique souhaitable) ni suffisant – et le sens technique que leur donnent les doctrines socialistes du XIXe siècle (propriétaire des moyens de production). L'amalgame des deux a toutefois justifié quelques-uns des grands massacres du XXe siècle. Autour de 1968, le mot **bourgeois** a servi d'injure universelle : un adjectif ne peut-il pas s'accoler à tout substantif? Aujourd'hui le mot apparaît étrangement occulté, sauf dans le discours résiduel d'extrême gauche.

**Bout du tunnel.** Issue de la **crise** régulièrement promise par les gouvernants. Repose sur le postulat consolant selon lequel les difficultés sont par essence provisoires.

**Brebis galeuse.** Ce terme sert à désigner un individu appartenant à son propre camp et dont on ne peut plus nier la culpabilité. (Tant qu'un doute subsiste, l'emploi du terme est exclu.) Le mot sert à faire la part du feu : puisque le coupable est désigné, on peut affirmer implicitement l'innocence de tous les autres. Cet usage est d'autant plus remarquable qu'il va au rebours de la signification primitive. On disait jadis qu'« une brebis galeuse suffit à contaminer tout le troupeau ». Ce proverbe était destiné à justifier, au nom du péril encouru, une action rapide et sans faiblesse. L'expression vaut aujourd'hui affirmation d'absence de péril au nom de l'action (rarement énergique) accomplie. Il signifie aussi qu'il importe de ne pas généraliser, car l'accident est purement contingent. Le terme est devenu un opérateur de désimplication. (On peut se demander si l'anglicisme **mouton noir,** assez fréquemment usité aujourd'hui, ne fonctionne pas de manière à neutraliser les connotations de **brebis galeuse,** notamment en ce qu'il suspend le jugement – négatif dans l'une et l'autre version de **brebis galeuse** – porté sur l'individu incriminé : le **mouton voir** peut être victime des médisants.)

**Bureaucratie, bureaucratique.** Dans le **vocabulaire politique,** la bureaucratie n'est pas un concept sociologique, mais un des noms génériques – et qui donc ne vexent réellement personne – du mal. Le terme semble quelque peu vieilli : on lui préfère aujourd'hui **administration** ou **technocratie.**

# C

**Camarade.** Terme d'adresse en usage dans les partis de gauche, notamment le Parti communiste. Ses connotations affectives, romantiques, chaleureuses, franches, en ont longtemps fait un signe identitaire puissant.

**Cap.** Doit être maintenu. Qui a jamais dit : « Il ne faut pas maintenir le cap ? » Mais on soupçonne qu'il s'agit moins d'un impératif que d'une amplification rhétorique : ayant décidé de ne rien changer, pour des raisons bonnes ou mauvaises, on appelle cela « maintenir le cap ». Le même comportement, adopté par l'adversaire, se nomme **immobilisme.**

**Céder aux sollicitations de ses amis.** Se porter candidat. Le recours à ce cliché fut pendant longtemps la seule manière présentable de se présenter compte tenu du tabou qui pesait sur *candidature* et *candidat.* Il mettait en effet en valeur le caractère collectif (voir **ambition personnelle**) de la démarche et la modestie du candidat. L'expression est tombée en désuétude sauf si l'on entend faire rire. D'une part aujourd'hui les médias ridiculisent en quelques mots, par leur répétition inlassable, des formules que jadis des décennies de réunions publiques ne suffisaient pas à user. D'autre part les valeurs mises à l'ordre du jour par la Ve République impliquent une consommation moindre de collectif et de modestie (cf. **démarche personnelle**).

**Censure.** Toute restriction apportée par autrui à la liberté d'expression est dite **censure.** La puissance de disqualification contenue dans le mot est suffisamment grande pour que toute personne ou autorité qui limite, même pour des motifs généralement tenus pour légitimes, la liberté d'expression d'autrui, doit démontrer qu'il ne s'agit pas d'une **censure.** En d'autres termes il ne saurait exister une *bonne censure* ou une *censure acceptable*. Un consensus négatif existe cependant parfois : on ne qualifie pas de **censure** la loi Gayssot qui interdit de publier des thèses **négationnistes.** Surtout on s'interdit de voir une censure dans l'interdit qui pèse en France sur toute allusion à la **vie privée** des hommes publics (cf. **attaque personnelle**).

**Centre. Centriste.** L'affirmation de l'existence d'un **centre,** peuplé de **centristes,** vise à remettre en cause la dichotomie classique droite/gauche. Mais elle peut aussi se superposer à elle (centre-gauche/centre-droit). La légitimité d'une telle trichotomie est à la fois discutable sur le plan des faits (à supposer qu'il existe sur tous sujets une position de droite et une position de gauche, pourra-t-on toujours distinguer un troisième terme ? Le centre n'est-il pas une droite camouflée ?) ou des valeurs (l'existence d'un centre ne remet-il pas en cause la possibilité d'alternance ? N'est-il pas un *marais* au sens péjoratif du terme ?) et incontestable sur le plan du langage, puisque le mot est revendiqué par un certain nombre d'hommes politiques et qu'on ne voit pas comment il serait possible de leur interdire de l'utiliser. Il vise à évoquer les idées de modération, d'équilibre, d'objectivité, de rejet des extrêmes. Le centrisme passe pour un remède à *la coupure de la France en deux* et à la *guerre civile froide*. Il convient de remarquer que l'état de centriste, par nature autoproclamé, correspond moins à un corps de doctrine ou un positionnement sur l'axe droite/gauche qu'à une niche écologique. Ainsi, sous la Vᵉ République, l'apparition du pôle majoritaire gaulliste et d'un pôle formé par la gauche unie a suscité le regroupement de forces politiques qui n'avaient *a priori* rien en commun – quoi de plus opposé que les rescapés du radicalisme anticlérical et de la démocratie chrétienne? – et qui pour certains d'entre eux au moins, se situaient beaucoup plus à droite que les gaullistes. (D'où la remarque faite un jour par Georges Pompidou sur le fait qu'en France «Le centre n'est pas au milieu».) En 1969, une partie de ces forces s'est ralliée au pôle majoritaire, ce qui a provoqué la distinction entre «centristes de la majorité» et «centristes d'opposition». En 1974 ces derniers entrèrent à leur tour dans la majorité. La création de l'UDF a conduit à une certaine mise en sommeil du terme remis en honneur au contraire lorsque le Centre des démocrates sociaux (devenu ensuite Force démocrate) a repris son autonomie. Le terme varie donc en extension – il ne désigne pas toujours les mêmes choses –, en intensité – il est plus ou moins mis en valeur –, selon des hasards qui tiennent davantage à la conjoncture qu'à une «essence», pourtant toujours postulée, du centrisme.

**Circonstances.** Une loi, une décision, une réforme, un argument peuvent être **de circonstances.** La formule vaut condamnation. Elle repose donc sur le postulat selon lequel seul ce qui est de portée générale et intemporelle est honorable. Ce qui est **de circonstances** ne saurait être qu'un expédient. Évidemment l'expression ne s'applique qu'aux initiatives de l'adversaire: des initiatives analogues prises par *nos* amis sont louées sous le nom de **pragmatisme.**

**Changement.** Promesse de tout candidat aux élections. Il est admis axiomatiquement – et va donc sans dire –

qu'un changement ne saurait être que pour le mieux. Un esprit naïf pourrait supposer que seule l'opposition peut promettre le changement. Ce serait ignorer les vertus du **vocabulaire politique,** capable d'engendrer ce chef-d'œuvre : le **changement dans la continuité.** Associant des termes qui, sans être contradictoires, n'en sont pas moins divergents, il permet en somme à tout électeur de concevoir sa propre version d'un équilibre idéal entre ces tendances et de projeter celles-ci sur le discours qui lui est soumis. Le seul inconvénient – rhédibitoire à terme – est que la formule s'use. Il est douteux qu'on puisse encore l'employer sans rire.

**Chauvinisme.** Le mot, comme l'adjectif **chauvin** qui lui est associé, est originellement un doublet péjoratif de **patriotisme,** avec des connotations d'extrémisme et de vulgarité. La désuétude relative de ce dernier terme a quelque peu modifié son extension : il conserve une valeur péjorative, ou violemment péjorative, mais se nuance parfois d'une certaine indulgence. « Soyons un peu chauvins » peut dire le présentateur du journal télévisé en cas de football, alors qu'aucune force au monde ne pourrait lui faire dire « Soyons un peu patriotes ». Le patriotisme était une vertu. Le chauvinisme est toujours un péché, mais parfois véniel.

**Chien crevé au fil de l'eau** (politique du). Formule visant à stigmatiser l'inaction des autres. Peu opératoire car, pour sembler faire quelque chose, il suffit de dire que l'on fait quelque chose.

**Chiffres.** Ennuyent les téléspectateurs. On leur fait dire ce que l'on veut.

**Chiraquie.** Ce substantif, forgé à partir du patronyme d'un politicien français, désigne les cantons, pittoresques mais peu peuplés, qui forment la partie nord-est du département de la Corrèze. Le mot passe pour avoir une vertu explicative : à toute interrogation portant sur les mœurs politiques de ces latitudes, il est possible de répondre « Mais c'est la chiraquie ! ». Ce pays n'avait pas de nom politique avant 1967. Il n'est pas sûr qu'il en ait encore un après l'élection du héros éponyme à la présidence de la République.

**Chiraquien.** La coutume de forger, à l'aide de divers suffixes, des adjectifs sur le patronyme des hommes politiques est ancienne *(boulangiste)*. Mais les commodités médiatiques ont conduit à une inflation sans précédent du phénomène. Même des personnages secondaires, ou d'intérêt strictement local, peuvent aujourd'hui y prétendre. L'adjectif est tantôt substantivé – il sert alors à désigner les partisans de l'individu – tantôt employé pour qualifier des phénomènes qui entretiennent un rapport avec lui. La fréquence relative des deux utilisations est variable selon les personnages considérés. Dans le cas de M. Chirac, la première utilisation est fréquente depuis 1974. La seconde est plus rare : « pensée chiraquienne », par exemple, est peu usité.

**Clair.** « Il faut être clair ! » constitue le frontispice obligatoire de tout discours politique délicat. Il n'est pas difficile de comprendre que la formule traduit un malaise : ce qui est immédiatement clair pour tout le monde n'a pas besoin d'être annoncé comme tel. Il est non moins clair qu'aux yeux de ses utilisateurs elle n'implique ni obligation de moyens ni obligation de résultats ; voir **transparence.**

**Classe politique.** L'expression pose de complexes problèmes théoriques. Son succès dans le discours politique tient à ce qu'il permet de désigner comme un tout l'ensemble des individus qui définissent collectivement, malgré de graves dissensions internes, la politique du pays. (Même à ce niveau des problèmes de définition se posent d'ailleurs : faut-il ou non y inclure les journalistes politiques ? On lève l'ambiguïté en disant **classe politico-médiatique.**) Cette globalisation qui est prise parfois au sens neutre, incite cependant à faire de cette entité un repoussoir : opportunité aussitôt saisie par tous les individus qui ne participent pas, ou insuffisamment, à la répartition des places. La difficulté sera pour eux de focaliser l'hostilité des électeurs contre la **classe politique** sans laisser paraître qu'ils en font eux-mêmes partie. Il va de soi que dans le cas contraire ils ne pourraient même pas se faire entendre.

**Cocorico !** Interjection de dérision applicable à ce qui est français, en vertu de l'équation coq = gaulois = français. Peut également s'employer comme moyen de prendre ses distances lorsque, contraint d'évoquer une réalité française de manière non péjorative, on souhaite laisser entendre qu'on ne partage pas sur ce point la naïve fierté du vulgaire. En revanche le mot utilisé comme substantif au pluriel (« les cocoricos de M. Duchnoc ») n'évoque nécessairement ni des réalités françaises ni des réalités politiques.

**Colombes.** En politique le terme **colombes** n'a de sens que par opposition à **faucons.** La métaphore a été inventée aux États-Unis pour désigner les partisans (colombes) et les adversaires (faucons) du désengagement américain au Vietnam. L'usage de ces mots a été ensuite généralisé et trouve à servir chaque fois que l'on peut opposer des partisans d'une solution de force (militaire en particulier) à des partisans d'une solution politique, négociée, excluant le recours aux armes. C'est le cas par exemple dans le conflit israélo-arabe. Évidemment les termes sont normatifs, puisque personne n'est censé trouver un faucon aimable alors que la colombe jouit d'un capital de sympathie, ornithologique, eucharistique ou irénique, *a priori.* Ils visent donc à imposer l'idée que, dans tous les cas, une politique de compromis est de non recours à la force doit être préférée. Toutefois, pour préserver l'universalité de la formule, il est prudent de ne pas l'employer dans certains contextes (par exemple de Gaulle = faucon, Pétain = colombe).

**Combativité.** Bien que les solutions de force aient aujourd'hui mauvaise presse, l'évocation de la **combativité** d'un individu a toujours valeur d'éloge. Il est vrai que la notion fait moins référence aux vertus militaires qu'aux exhibitions sportives : on attend que les compétiteurs assurent le spectacle. Le terme est particulièrement apprécié dans l'expression **combativité des travailleurs,** qui désigne leur propension à se mettre en grève.

**Communication.** Synonyme euphémistique, convivial et passe-partout de propagande.

**Compagnon.** Terme d'adresse parfois utilisé au sein des mouvements gaullistes. Le mot, aux connotations sans doute militaires – et qui n'a pas de féminin – est un substitut de **camarade,** déjà pris.

**Concertation.** Méthode de gouvernement qui consiste à discuter, avant de prendre une décision, avec les personnes qu'elle concerne. Il va de soi qu'en pratique tous les cas de figure existent : la concertation peut être sincère, manipulée ou de pure forme. Mais ces adjectifs n'appartiennent pas au **vocabulaire politique** puisqu'ils décrivent des réalités et impliquent l'analyse des choses. En revanche il importe de signaler qu'une **concertation** doit être **large.** « Lancer une **vaste** concertation » est également un cliché très prisé ; voir **commission.**

**Concret.** Après tout discours d'un adversaire politique, il convient de dire « J'attendais des mesures concrètes ! » Mais qu'est-ce, concrètement, que des mesures concrètes ? Dans certains cas, le terme est seulement un euphémisme pour ne pas prononcer le mot « argent », dont l'évocation directe a quelque chose de gênant. Dans d'autres cas, le mot paraît sans contenu clairement assignable : il est l'expression conventionnelle d'une insatisfaction.

**Confiance.** État psychologique mystérieux qui assure la bonne marche des affaires, tant économiques que politiques. Surtout évoquée quand elle est absente : « Il faut restaurer la confiance ! » Hélas « la confiance ne se décrète pas ». L'idée de **confiance** est d'ailleurs ambivalente. Pour les partisans de l'autorité, elle est à la fois la vertu attendue des humbles et la condition du gouvernement des hommes. « Faites-moi confiance » est donc pour eux l'expression naturelle du commandement. Les adversaires de l'autorité se méfient au contraire de la confiance, dans laquelle ils voient un lien personnel, donc archaïque, et non négocié. D'où la dénonciation des « appels à la confiance », assimilés à une tentative de décervelage. Il va de soi que les adversaires de l'autorité révisent parfois leur opinion, ou du moins leur pratique, lorsqu'ils parviennent au pouvoir.

**Confiscatoire.** Se dit d'un impôt au taux particulièrement élevé instauré par des adversaires politiques.

**Conquête sociale.** Synonyme d'**acquis social,** mais avec une nuance épique ignoré de celui-ci. Plus adapté en conséquence aux grandes choses qu'aux petites.

**Consensus.** 1 / Le mot est ambigu, parce que négatif : en cas d'accord formel sur des termes négociés et explicites, on ne parle pas de consensus. On l'utilise au contraire lorsque ces caractères ne sont pas réunis, mais cette situation peut résulter de plusieurs causes : unanimité informelle, accord d'arrière-pensées, trêve destinée, pour des raisons tactiques, à retarder l'affrontement, voire simple quiproquo. Parfois l'absence de formalisation constitue la condition *sine qua non* du consensus, parfois elle n'est qu'une dimension inessentielle liée à la négligence, ou à l'urgence. 2 / Le mot est également pris dans un sens plus large pour désigner non plus une manière particulière d'arrêter une décision spécifique, mais la neutralisation, ou la mise entre parenthèses de secteurs plus ou moins larges de l'action gouvernementale : « Il existe un consensus sur la politique étrangère. » Autrement dit l'opposition renonce à critiquer le gouvernement sur le sujet en question, soit qu'elle n'ait rien à dire, soit qu'elle estime prudent de ne pas condamner une politique approuvée par l'opinion publique. Cette situation est évidemment très négative du point de vue de l'opposition, puisqu'elle met potentiellement en cause son utilité même. Mais ce peut être un moindre mal, dans les cas où l'opinion n'admettrait pas l'**opposition systématique** ou la **récupération.**

L'idée de consensus est aimée des citoyens qui y voient un succédané d'**union nationale.** Le mot peut donc s'avérer pour les gouvernants un bon moyen de chantage sentimental exercé sur leurs opposants. Il arrive cependant aussi que l'idée de **consensus** soit critiquée : le mot évoque alors le refus d'assumer des convictions. Il devient synonyme de démission générale devant les responsabilités par conformisme et lâcheté. On parle volontiers, pour spécifier le mot en ce sens, de **consensus mou.**

**Construction européenne.** Terme qui sert à désigner le processus de création d'institutions communes aux États membres de la Communauté économique européenne, puis de l'Union européenne et qui est censé déboucher à terme sur une unification politique du continent. L'expression a répondu au besoin de nommer un objet et peut donc sembler, à première vue, dépourvue d'implications idéologiques. Néanmoins elle a valeur d'approbation : les anti-européens ne l'emploient pas, sans d'ailleurs lui opposer une expression d'extension identique mais de signe contraire. Ils préfèrent considérer l'« Europe » comme une réalité (condamnable) que comme un processus (perfectible). En revanche les proeuropéens, qu'ils soient modérés ou convaincus, utilisent l'expression, la différence se marquant seulement par le ton plus ou moins dévot employé pour la prononcer. D'autre part il faut observer que le mot « construction » implique une évolution longue, complexe, technique, cumulative et artificielle ; autrement dit le contraire d'un processus spontané, d'une mutation brusque et d'un élan mystique. D'où une dimension rassurante – une construction n'est pas censée échapper à ses créateurs – et faiblement mobilisatrice – une construction n'est pas présumée déclencher l'enthousiasme des maçons. Autoportrait ressemblant ?

**Contre-vérité.** Exemple d'une tendance générale à l'euphémisation, contre-vérité a quasiment éliminé du **vocabulaire politique** les termes *mensonges* et *menteur*. Il présente en effet l'avantage, en adoptant un point de vue purement objectif, de ne pas poser la question de la volonté subjective de tromper.

**Contribution au débat.** Quand un **ami politique** a tenu des propos malencontreux, ou du moins avec lesquels on entend prendre ses distances, il convient de dire que c'est une **contribution au débat.**

**Conviction.** Miroir de l'ambivalence des choses, la conviction est une notion ambivalente : 1 / en un sens positif, les convictions légitiment l'homme politique : elles prouvent qu'il n'est pas un *opportuniste* ou une **girouette.** De ce point de vue, ne pas changer d'avis est une vertu, variante intellectuelle de la fidélité personnelle ; 2 / mais ce mot peut assumer aussi un sens péjoratif : un « homme de conviction » est alors un individu borné, qui ne sait pas évoluer, qui garde les mêmes idées alors que l'expérience en a démontré la fausseté, etc.

**Courage.** La notion de courage a cessé depuis longtemps d'être valorisée dans le discours politique. Le **courage politique** est en revanche évoqué : il paraît être la capacité à prendre des mesures impopulaires mais jugées, par hypothèse, indispensables. On se félicite de sa présence dans son camp tout en déplorant son absence chez les autres. L'opposition, en particulier, déplore « le manque de courage politique » du gouvernement.

**Crise.** 1 / Événement politique exceptionnel et potentiellement dangereux, marqué par un conflit ouvert ou larvé entre des États (crise internationale) ou des autorités politiques dans l'ordre interne. 2 / Suivi d'un complément de nom, le mot est applicable à n'importe quoi : « La crise de... » est devenu le procédé rhétorique normal pour traiter d'un sujet quelconque. Symptôme de l'apocalypse rampante que nous vivons ou banal cliché catastrophiste ? 3 / « La crise », entité multiforme, aux contours mal définis, dont l'origine commence à s'effacer des mémoires et dont le terme est annoncé avec de moins en moins d'assurance (cf. **bout du tunnel**) bien que la vertu principale du mot soit d'évoquer une situation paroxystique mais transitoire (sens 1). L'évocation de « la crise » passe pour avoir une vertu explicative : toute observation critique ou dubitative appelle le diagnostic « Que voulez-vous, c'est la crise ! » Les esprits optimistes mettent en valeur le fait que la crise peut aussi être une occasion, celle de repartir d'un meilleur pas (cf. le titre de l'ouvrage de M. Chevènement, *Le vieux, la crise, le neuf*).

# D

**Débat démocratique.** Euphémisme utilisé pour désigner de violentes divergences dans son propre camp. Des divergences mineures restent innomées. Des divergences chez l'adversaire sont des **dissensions** internes. Mais si l'adversaire ironise sur vos luttes internes, vous devez dire : « C'est le débat démocratique ! » La formule s'autorise du fait – peu contestable – que la démocratie suppose la confrontation des opinions. Mais elle est précisément utilisée dans les cas où cette confrontation prend un tour déraisonnable. Dans le cas contraire en effet ce qu'elle dit va sans dire.

**Débat d'idées.** Forme couple avec **querelle de personnes.** Fait remarquable, le débat d'idées est toujours évoqué sur le mode de la dénégation : on en appelle au débat d'idées ; on espère le débat d'idées ; on déplore son absence et l'on spécule sur l'instant où il va enfin se manifester. Après les élections on dit : « Il y avait pourtant matière à un **vrai débat d'idées.** » Le débat d'idées est comme les miracles et les écrevisses : il y en a eu, mais il n'y en a plus. On peut écrire à ce propos une déploration sur les malheurs du temps. Toutefois il faut aussi s'interroger sur ce que *pourrait être* un débat d'idées. Il existe des domaines où des débats d'idées sont possibles : par exemple les Romains croyaient-ils vraiment à la divinité de l'empereur ? Mais cela suppose des conditions rarement remplies en matière politique : compétence et bonne foi, au moins relatives, des interlocuteurs ; possibilité d'articuler des arguments rationnels ; accord sur les procédures de preuve. Or les débats politiques ne sauraient réunir ces conditions minimales : on ne peut donner raison à l'adversaire même s'il a évidemment raison ; les thèmes abordés sont pauvres, car les nécessités de la **communication** obligent à s'exprimer par slogan, en négligeant les nuances ; les électeurs eux-mêmes demandent des articles de foi, auxquels on adhère ou pas mais que l'on ne saurait discuter, plutôt que les vérités partielles, complexes et temporaires que produit la recherche scientifique. Ce n'est donc pas de sitôt que nous verrons des **débats d'idées.**

**Décadence.** La décadence s'enracine d'abord dans une vision de l'histoire qui a longtemps été dominante : l'âge d'or est un paradis perdu, nous vivons les derniers temps de l'humanité. La décadence des temps présents est un lieu commun que l'on trouve déjà dans les textes de l'ancien Empire égyptien. Au XVIIIe siècle, cette antique conception va faire place à une autre qui affirme au contraire que l'histoire est dominée par la notion de **progrès** (Voltaire, Condorcet). Au XXe siècle, paradoxalement, les deux sentiments coexistent dans la mentalité populaire : on croit au progrès, on s'étonne que « de telles choses soient encore possibles au XXe siècle », mais on se lamente sur la perte des valeurs, la baisse du niveau, le temps qui n'est plus ce qu'il était, les aliments qui n'ont plus de goût, etc. Ces idées vagues peuvent être politiquement récupérées : il suffit de dénoncer dans le comportement de l'adversaire un **laxisme** propre à précipiter la décadence. Le thème est généralement associé à l'idéologie réactionnaire qui en fait effectivement grande consommation. Mais elle n'en a pas le monopole. Au XIXe siècle, les austères Républicains dénonçaient les fastes de la monarchie de Juillet et du Second Empire.

**Déclarations d'intention.** Il est recommandé d'appeler **déclarations d'intention** les paroles des gens qu'on n'aime pas. Il est clair que la formule s'applique à tout, sauf aux voies de fait, et notamment aux propres paroles du locuteur. Mais elle a le mérite d'insister, quand c'est opportun, sur la distance qui sépare les paroles des actes.

**Déclin.** Les politiciens de droite parlent volontiers du «déclin de la France» quand la gauche est au pouvoir. Certains partis de droite l'emploient également contre d'autres. Le maniement de ce thème (comme de tous les thèmes à consonance nationale) se trouve cependant rendu plus délicat par le discours sur la construction européenne, dont on ne sait pas trop si elle constitue, par rapport au déclin de la France, la maladie ou le remède. Il est donc surtout développé par les adversaires de celle-ci. Ses partisans l'emploient certes parfois, mais de manière que les deux discours n'entrent pas en court-circuit : d'une part on se lamente sur le déclin du pays, d'autre part on se félicite de la construction européenne mais on évite de confronter les deux thèmes.

**Délation.** Mot violemment péjoratif, dont aucune réhabilitation ne saurait être tentée bien que par ailleurs la non-dénonciation de crimes soit réprimée par le Code pénal. D'où deux interprétations possibles : ou bien l'on admet que le locuteur qui emploie le mot **délation** vise implicitement la dénonciation d'un innocent à un pouvoir tyrannique et illégitime (la délation sous l'Occupation) et la distingue au moins implicitement des cas où la dénonciation paraît légitime (assassins d'enfants multirécidivistes) ; ou bien l'on suppose que le locuteur entend confondre les deux cas dans une même réprobation au nom d'une morale de l'antirépression. Dans ce second cas le mot servirait à mettre entre parenthèses la question de la légitimité. En pratique, la distinction est parfois délicate entre les deux interprétations.

**Déficit.** Euphémisme apprécié pour dire absence totale ou quasi totale de quelque chose. Par exemple : «La construction européenne souffre d'un déficit démocratique.» Lorsque la cote de popularité du gouvernement est en baisse, ses partisans parlent de **déficit d'ex-**

**plication** (ou de **communication**). Il va de soi en effet que la politique du gouvernement serait approuvée si elle était bien expliquée (bien communiquée) puisqu'elle est bonne par essence. L'idée qu'une politique bonne à certains égards, ou pour certaines catégories, puisse être mauvaise à d'autres égards ou pour d'autres groupes, serait d'une complexité désespérante : il est donc préférable de ne pas y penser.

**Démagogie.** Tendance, dénoncée par les adversaires d'un homme ou d'un parti politique, à déterminer sa politique en fonction des attentes irrationnelles et à courte vue, ou supposées telles, du peuple, dont on « flatte les bas instincts ». Le mot remonte à la Grèce antique ce qui prouve que ce reproche est aussi ancien que la démocratie elle-même. Il va de soi que, fondé ou non, il est toujours utilisable. On notera que le singulier du mot implique un seul axe, qui mène de la haute politique aux bas instincts et sur lequel tous les choix effectués sont censés venir se ranger. Il implique aussi l'homogénéité du peuple, unanime dans la poursuite de ses basses aspirations. La réduction à l'unité a ici valeur polémique (cf. le sens péjoratif du mot **masse** au singulier). Le singulier est toutefois intenable à l'époque contemporaine où l'on évoque l'unique idée de démagogie dans au moins deux contextes différents. On utilise en effet le mot **démagogie** pour désigner la politique des gouvernants qui « flattent » les tendances **poujadistes** : goût de l'ordre et de l'autorité, prédilection pour les solutions simples, nationalisme et recherche de boucs émissaires. Mais on nomme aussi **démagogie** la tendance des gouvernants, pour complaire aux médias, à cultiver toute marginalité, à laisser bafouer la loi par crainte de se voir accusé de rétablir l'**ordre moral,** etc. Il est clair que les contenus de ces deux **démagogies** sont radicalement opposés. Il faut donc renoncer à l'unité de la notion et y voir plus une insulte qu'un concept.

**Démarche personnelle.** 1 / Initiative d'un politicien de son bord que l'on n'approuve pas. N'engage donc que lui. 2 / Formule approbative pour décrire la manière dont un candidat à l'élection présidentielle présente sa candidature. Dans la tradition gaulliste (mais qui s'est imposée, sur ce point, à ses adversaires) le candidat à l'Élysée ne doit pas être présenté par un parti politique dont il ne serait que le mandataire ou le prête-nom, mais engager un dialogue direct avec la nation. « Personnel » a donc ici un sens positif, et s'oppose à « inféodé à un parti politique ».

**Démentir.** Nier. Toutefois l'observateur le plus naïf n'ignore pas que le démenti est un rite auquel toute autorité mise en cause doit se livrer, que les accusations portées contre elles soient exactes ou non. Peu de termes manifestent aussi bien l'usure du vocabulaire politique, qui en vient à mettre en lumière ce que sa fonction était justement de camoufler. Au point que le synonyme le plus adéquat de **démentir** est aujourd'hui, parfois, confirmer.

**Démocratie, démocratique.** 1 / Le mot désigne un système politique dont on peut écrire l'histoire, décrire les institutions, les valeurs, les impasses. Le but de ce livre n'est pas d'exposer ceci. 2 / On distingue d'autre part diverses modalités de ce système : démocratie directe, semi-directe, représentative, semi-représentative. Ces concepts fondamentaux de droit constitutionnel, sans lesquels l'intellection des régimes démocratiques est impossible, ne sont quasiment jamais évoqués dans les controverses politiques. 3 / Bien qu'implicitement coloré par les précédentes acceptions, le mot **démocratie,** lorsqu'il est utilisé en politique, est pris dans un sens vague, essentiellement incantatoire. La **démocratie** est le nom conventionnel de l'idéal au nom duquel il est légitime de juger le réel. Il en résulte évidemment que le diagnostic varie selon la situation examinée : on qualifie d'« atteintes à la démocratie » les agissements de l'adversaire. On vante le caractère démocratique de ses propres méthodes. **Démocrate** et **démocratique** sont utilisables dans la titulature politique, à droite comme à gauche.

**Démocratisation, démocratiser.** 1 / En langage courant, **démocratisation** désigne le processus qui permet à un pourcentage plus élevé de personnes issues des classes défavorisées d'accéder à quelque chose (l'enseignement, la culture). Le mot est employé à l'optatif («Il faut démocratiser l'opéra!») ou à l'indicatif passé («Le golf s'est beaucoup démocratisé»). En revanche il est rarement utilisé au présent. Il est également toujours décrit comme un processus impersonnel: personne ne dit jamais «je démocratise», ni même «nous démocratisons». 2/En langage communiste, démocratiser une institution signifie accroître ou laisser s'accroître l'influence du Parti communiste en son sein.

**Dérapage.** Le mot désigne une action non conforme au standard de comportement tenu pour normal dans le groupe du locuteur. **Dérapage verbal** est un euphémisme particulièrement usité pour désigner insultes, accusations *ad hominem* (vraies ou fausses, mais qu'il ne convient pas de formuler), voir expressions trop franches d'idées tolérables, mais qu'il importe d'euphémiser. Le mot peut aussi désigner des actions, et son extension se rapproche alors de **bavure,** avec sans doute une nuance de moindre gravité – mais l'instabilité sémantique de **bavure,** qui implique selon les cas aggravation ou minoration du fait, rend la comparaison délicate.

**Démotivation, démotiver.** La théorie de la démotivation des salariés, mais plus particulièrement des cadres, repose sur le postulat implicite de la rationalité – au sens économique – des comportements: on admet donc que la motivation, c'est-à-dire les efforts consentis par les individus diminue proportionnellement à la réduction des intérêts matériels qu'ils en retirent. Le résultat inéluctable de cette évolution sera le marasme économique et la perte des valeurs sociales dont ces catégories constituent le plus sûr soutien. Tel est le discours tenu par leurs porte-parole et repris par les partis politiques de droite, particulièrement quand ils sont dans l'opposition. Les mots **démotivation** et **démotiver,** liés à une problématique sociale spécifique n'ont pas d'équivalent dans le vocabulaire de gauche. A supposer que le phénomène décrit soit réel – question qui à l'évidence dépasse le problème du langage – et que certains gouvernements de gauche entendent lutter contre lui, ils ne sauraient le faire qu'en silence. Le mot a un champ sémantique proche de **déresponsabilisation.**

**Déresponsabilisation, déresponsabiliser.** Terme censé décrire un processus extrêmement pervers par lequel des individus responsables – c'est-à-dire conscients des obligations sociales qui sont les leurs et décidés à les assumer – en viendraient à les délaisser. Cet abandon à la passivité d'individus actifs et performants serait la conséquence d'un double effet pervers : les personnes en cause prendraient conscience du faible rendement de leurs efforts – en comparant par exemple leurs revenus à ceux d'inactifs ou d'assistés dont les ressources sont presque semblables aux leurs – et perdraient le goût de l'épargne et de la prévoyance dans un monde où la socialisation des risques favorise et pousse à consommer sans tenir compte de l'avenir. Ce syndrome est censé toucher particulièrement les classes moyennes (« **déresponsabilisation** des cadres »). Il fait donc partie de l'argumentaire des forces politiques de droite et du centre droit pour justifier certains types de mesures (affiliation volontaire à des caisses de retraite complémentaire, mesures fiscales limitant la progressivité de l'impôt, plafonnement des aides aux chômeurs, etc.).

**Désespérer Billancourt.** Formule de Sartre dans sa pièce *Nékrassov* (1955) : un (vilain) personnage ne craint pas de diffuser de (fausses) nouvelles sur la répression en URSS au risque de **désespérer Billancourt,** c'est-à-dire priver les ouvriers de leur unique espoir en désacralisant l'image du paradis soviétique. Argument employé pour justifier que l'on empêche la diffusion des (vraies) informations sur la réalité soviétique.

**Deuxième génération.** Un des euphémismes qui permettent de dire en langage codé qu'il existe des différences entre les divers groupes d'immigrés vivant en France : on ne connaît pas en effet d'Italiens, d'Espagnols, de Russes ou de Vietnamiens de la deuxième génération.

**Deux vitesses (à).** Matière de nombreux clichés (médecine à deux vitesses, culture à deux vitesses, France à deux vitesses, etc.) qui visent à stigmatiser – car l'expression est radicalement péjorative – la substitution d'une configuration bipolaire, structurellement inégalitaire, à la situation d'égalité supposée régnante. On pourrait s'étonner que cette dénonciation n'isole que deux termes, alors qu'il existe sans doute, en réalité et potentiellement, un plus grand nombre de vitesses : les situations sociales ne se limitent évidemment pas à deux. Mais ce serait perdre de vue l'efficacité rhétorique de la réduction à un antagonisme unique (les riches et les pauvres, les gros et les maigres, etc.). Les **deux vitesses** sont un archétype de l'inégalité, inverse mais solidaire de l'archétype positif d'égalité.

**Deux poids, deux mesures.** La formule sert à dénoncer un traitement différent appliqué à deux situations supposées identiques par le locuteur : stigmatisant une mauvaise dissimilation, elle fonctionne comme un opérateur d'assimilation.

**Devoir.** Dans un monde où la notion de **devoir** est officiellement en crise – bien qu'à vrai dire il paraisse difficile de s'en passer : il est donc probable qu'on l'exprime seulement autrement – les expressions **devoir civique** et **devoir électoral** se maintiennent néanmoins. **Devoir civique** demeure un moyen indispensable de réaffirmer les normes. **Devoir électoral** a la même valeur, mais avec une nuance différente. En effet « accomplir son devoir électoral » manifeste qu'on ne vote pas par plaisir, enthousiasme ou emportement conjoncturel, mais bien par une démarche rationnelle, mesurée, donc fiable. La formule signifie aussi que celui qui l'emploie ne fait pas de **politique.** Elle a, en ce sens, valeur d'excuse : voter n'est pas s'engager politiquement, puisqu'on n'a pas le droit de ne pas le faire. On ne saurait donc imputer à l'électeur toutes les turpitudes que l'univers politique est censé véhiculer.

**Diabolisation, diaboliser.** Action d'assimiler un adversaire au diable, pris ici comme nom conventionnel du mal absolu. Le mot est péjoratif en ce qu'il implique processus artificiel et non constatation : ceux que l'on diabolise ne sont, par hypothèse, pas diaboliques. Le terme désigne une mauvaise assimilation du fait au droit et ne peut donc s'utiliser que sous la forme d'impératif négatif : « Il ne faut pas diaboliser les électeurs du Front national. » En revanche « Il faut diaboliser Hitler » est inacceptable, puisque ce serait admettre qu'Hitler n'est pas le diable. (Notons que la première formule est calculée de manière à laisser entendre que l'on ne prend pas partie sur la nature, peut-être diabolique, des *dirigeants* du Front national.) Les refus de la diabolisation est à la fois refus du **manichéisme,** volonté de « n'ôter le retour à personne » (comme disait le cardinal de Retz), crainte de radicaliser l'adversaire en menant contre lui une guerre totale, volonté de ne pas occulter ce qu'il peut y avoir de juste dans ses revendications – peut-être aussi, et plus simplement, faiblesse. Il résulte de ces bons principes que les groupes ou individus qui pourraient être diabolisés, parce qu'ils ne sont pas diaboliques, ne doivent pas l'être. Il ne faut donc diaboliser personne.

**Dialogue.** Mot clé et panacée de l'après-Mai 68. Le **dialogue** est censé constituer la réponse adaptée à la **contestation.** Dans certains cas, le mot désigne des discussions symboliques qui visent essentiellement à se faire reconnaître comme interlocuteur et non plus comme sujet passif d'un ordre hiérarchique. Dans d'autres cas – avec les syndicats par exemple – le dialogue correspond à de véritables négociations sur le fond. Lorsque celles-ci sont au point mort, il convient de dire que « le dialogue n'est pas rompu ». Le succès du terme a ensuite décliné. Toutefois **homme de dialogue** reste un complément qu'un politicien a le droit de se décerner à lui-même lorsqu'il présente sa candidature. (En revanche il est rare qu'on dise à quelqu'un : « Vous êtes un homme de dialogue ! »)

**Discuter.** Quand on récuse, en raison de sa personne, de ses méthodes ou de ses objectifs, un interlocuteur avec lequel on est néanmoins obligé de parler, il importe, pour sauver la face de ne pas **négocier** avec lui : on **discute.**

**Dissensions.** Terme péjoratif, et qui ne s'applique donc qu'aux conflits internes des adversaires ; cf. **débat démocratique.**

**Diversion.** En politique, le terme est toujours péjoratif, contrairement au vocabulaire militaire où une diversion peut être opportune. Qualifie tout problème ou débat qui se trouve posé (par l'adversaire ou par la conjoncture) et dont l'évocation paraît politiquement inopportune au locuteur. Le terme appartient à l'origine au vocabulaire communiste – et a fourni un chef d'accusation apprécié lors des purges staliniennes – mais il s'est ensuite banalisé : les situations ne sont pas rares où une **diversion** s'avère politiquement utile, et où il s'avère politiquement utile de la dénoncer.

**Diviser, diviseur, division.** Termes toujours péjoratifs. L'unité constituant, dans les diverses formations politiques, un impératif particulièrement valorisé car rarement atteint et toujours précaire, l'idée de division est condamnée sans réserve. Le mot permet à celui qui l'emploie de manifester qu'il se trouve du côté des valeurs. On nomme en particulier **diviseur** un candidat aux élections qui, prenant des voix au candidat officiel ou le mieux placé de son propre camp, risque de faire chuter celui-ci. Cette problématique est essentiellement liée à l'existence d'un scrutin majoritaire. **Diviser pour régner :** cliché servant à dévoiler et stigmatiser la stratégie de l'adversaire, qui attise les conflits entre sous-groupes pour faciliter le gouvernement du groupe. Cette idée est sans doute exacte – du moins tant que les conflits internes ne dépassent pas un certain degré de violence – mais elle tend à dériver vers l'idée, tout autre, selon laquelle un conflit interne ne saurait avoir d'autre cause que les manipulations du pouvoir. Les clivages spontanés sont niés ou ramenés à des illusions des acteurs. La formule est donc, au moins virtuellement, un opérateur de désimplication, puisqu'elle permet de réduire à l'insignifiance des conflits pourtant attestés (par exemple des luttes ethniques à l'intérieur d'un pays colonisé).

**Droite et gauche.** Faut-il étudier les notions de droite et de gauche ensemble ou séparément ? La question ne se réduit pas à un problème de présentation. Elle implique un choix sur le fond. On peut en effet étudier séparément le chat et le chien – bien que leur comparaison apporte des enseignements – parce que ce sont des espèces naturelles, ou, si l'on préfère, parce que la disparition de l'une n'entraînerait pas la disparition de l'autre. En revanche on ne saurait étudier séparément les éléments d'une structure – les phonèmes d'une langue par exemple – car chacun d'entre eux n'est que l'autre de l'autre : si tous disparaissent sauf un, ce dernier n'aurait plus aucun sens. Étudier séparément droite et gauche, c'est donc postuler que les mots réfèrent à une essence extralinguistique. Les étudier ensemble est à l'inverse indispensable si l'on considère que leur opposition (structure) importe plus que leur contenu. 1 / L'approche essentialiste, donc distincte, paraît naturelle car elle correspond à une tendance spontanée de l'esprit humain : supposer qu'à tout mot correspond une chose que celui-ci désigne adéquatement. Dans cette perspective, la droite évoque le respect de l'ordre établi, le maintien de hiérarchies traditionnelles, l'ordre moral, le nationalisme, le refus de l'égalitarisme, le libéralisme économique et politique. La gauche au contraire se caractérise par la justice entendue au sens d'égalité, le progrès, l'internationalisme et la volonté d'imposer une limite au jeu des lois du marché. Ces associations d'idée sont prégnantes et, en un sens, elles manifestent parfaitement l'usage normatif qui est fait des mots : la gauche évoque en effet des valeurs universalistes qui résument les préoccupations légitimes du plus grand nombre. Il est donc logique que « de gauche » soit laudatif, « de droite » péjoratif. Cette tendance est toutefois variable selon les conjonctures : si, pendant les trente ans qui suivirent la fin de la seconde guerre mondiale, le mot **droite** fut rarement assumé – d'où le recours à des euphémismes tels **apolitique, sans étiquette** – il a aujourd'hui cessé d'être imprononçable. Il faut lui associer l'adjectif **extrême** pour qu'il retrouve un caractère clairement désobligeant. Par contraste, **droite classique** fait presque figure d'éloge. 2 / Il s'agit là cependant de variations dans le court terme, et à l'intérieur d'un espace politique homogène. Si l'espace de comparaison s'élargit, les choses changent du tout au tout. Au XVIIIe siècle, l'attitude « de gauche » était celle des philosophes qui défendaient les intérêts de l'individu contre les nécessités objectives de l'ordre social. Aujourd'hui, le terme même de socialisme indique que la gauche considère les intérêts de la collectivité comme primant ceux de l'individu. Le patriotisme était une valeur de gauche à l'époque révolutionnaire alors que les contre-révolutionnaires conservaient le sens des solidarités transnationales. En France les particularismes locaux, marqués à droite jusqu'à la dernière guerre, sont aujourd'hui classés à gauche. Il existe donc des chassés-croisés historiques entre les notions, ce qui paraît peu compatible avec l'idée d'essence. En outre chacun des critères choisis pour définir chaque terme trouve des contre-exemples : la droite respecte l'ordre établi, sauf s'il est de gauche ; elle peut s'avérer favorable à la remise en cause de l'État-nation ; elle peut être bien moins rigoriste sur le plan des mœurs que des régimes classés à gauche (Union soviétique, Chine) ; elle accepte parfois l'accroissement des prélèvements obligatoires ; elle peut choisir le dirigisme économique et l'autoritarisme politique. La gauche développe parfois des idéologies réactionnaires au sens propre comme en témoigne l'utopie agraire de Saint-Just ou certaines variantes de l'écologie à l'époque contemporaine ; des régimes classés à gauche se révèlent particulièrement inégalitaires : comme le montre le phénomène de la **nomenklatura** en Union soviétique ; la gauche est parfois nationaliste ; enfin elle est susceptible, comme on l'a vu entre 1981 et 1995, de se réconcilier avec les lois du marché. 3 / Ces contradictions s'expliquent aisément. **Droite** et **gauche** sont des étiquettes, distribuées aux diverses réalités qui peuvent être classées selon cette dichotomie – c'est-à-dire à peu près tout : les dénominations sont libres – et plus particulièrement aux régimes politiques. Mais ces réalités évoluent tandis que les étiquettes ne changent pas, et cela d'autant moins qu'elles sont censées traduire des essences : ainsi l'Union soviétique de Brejnev est-elle qualifiée de gauche bien que ses traits dominants (dictature, nationalisme et ordre moral) passent pour caractéristiques de la droite. 4 / Il en résulte que l'idée de **droite** en soi et de **gauche** en soi est intenable. Seules existent – et encore non sans ambiguïtés et contradictions – *une droite et une* gauche en un temps donné qui permettent de classer tant bien que mal les phénomènes politiques. Cette grande distinction, ou classification totémique, a un contenu aléatoire et pauvre, non transposable hors du contexte étroit où elle est reconnue. Elle est néanmoins signifiante et structure l'espace politique aux yeux du plus grand nombre : principe d'intelligibilité grossier mais néanmoins principe d'intelligibilité. 5 / A l'évidence l'opposition de la **droite** et de la **gauche** est donc une structure, puisque le contenu des catégories change et s'échange alors que le clivage demeure. On ne peut étudier **droite** et **gauche** qu'ensemble.

**Droits.** Les droits au pluriel sont des créances sur la société. Ils sont susceptibles d'être précédés de pronoms possessifs (« mes droits », « nos droits »). La rhétorique laconique dont ils sont entourés vise à signifier, par prétérition, qu'ils ne sont ni concédés ni négociés, mais procèdent de la nature des choses. Ce caractère pour ainsi dire inné est un héritage des **droits de l'homme** de première génération.

**Droits acquis.** Si les **droits** tout court ont un caractère conquérant, l'expression **droits acquis** est au contraire défensive. Elle manifeste que les **conquêtes** ne sauraient en aucun cas être remises en cause. L'expression peut aussi avoir valeur d'euphémisme : les privilèges du locuteur sont des droits acquis, alors que les droits acquis de l'adversaire sont des privilèges.

**Droits de l'homme.** 1 / Apparue au XVIII^e^ siècle, la notion de **droits de l'homme** affirme l'idée que tout être humain, du seul fait qu'il appartient à l'espèce humaine, possède un certain nombre de droits inviolables et imprescriptibles. Les premiers droits de l'homme (ou droits de première génération) avaient un caractère juridique et s'analysaient comme des interdictions (le droit à la vie, par exemple, se résume dans l'interdiction de tuer). Les droits de deuxième génération, ou droits-créances, en revanche supposent l'obligation positive de servir des prestations à leurs titulaires. La différence entre les deux est évidente, ou plutôt le serait si le langage, et d'abord leur confusion sous le vocable unique de **droits de l'homme,** n'avaient pas pour effet (ou pour raison d'être ?) de nier magiquement l'hétérogénéité des phénomènes : affirmer le droit à la santé et remplir les caisses de la sécurité sociale restent deux choses différentes, et l'usage incantatoire de la première formule paraît d'un faible secours pour traiter le second problème. 2 / Plus généralement, l'inflation rhétorique contemporaine autour des **droits de l'homme** (de plus en plus nombreux et posés de manière de plus en plus péremptoire) est utilisée pour faire bénéficier les marchandises les plus diverses du statut d'exterritorialité morale dont jouissent ces **droits.** Jadis objets d'un consensus préalable et donc constatés plus qu'imposés, les **droits de l'homme** tendent à devenir une méthode revendicative. Cette évolution imprévue n'est sans doute pas dépourvue d'effets pervers.

**Dur.** Il existe une **droite dure.** En revanche personne ne parle de *gauche dure*. Il est difficile de croire que cette dissymétrie s'explique par la nature des phénomènes : on connaît diverses variantes de la gauche qui pourraient être dites « dures ». Il faut donc admettre sur ce point une domination du point de vue de la gauche, habilitée à dire la vérité sur les choses, puisqu'ici le langage courant coïncide avec le langage partisan. Cette domination est d'autant plus marquée qu'elle maîtrise aussi l'implicite. En effet parler de droite dure, donc haïssable, suggère l'idée d'une droite méprisable, parce que molle. Il n'existe donc pas de bonne droite. On s'en doutait, mais ce qui va sans dire va mieux encore en se suggérant dans le non-dit.

# E

**Écologie, écologiste, écologique.** En tant que science et doctrine politique, l'écologie a un contenu dont l'étude ne concerne pas le **vocabulaire politique.** Il convient cependant de noter deux points : 1 / Le succès médiatique du thème a conduit à l'élargissement du champ couvert par ces termes. Autrement dit un phénomène qu'on n'aurait pas nécessairement rangé jadis sous cette étiquette le sera aujourd'hui par ses partisans, qui espèrent en tirer des bénéfices en termes de notoriété et de sympathie. Par exemple s'opposer à l'abattage d'arbres était volontiers décrit il y a trente ans comme un comportement d'esthète irresponsable, hostile au **progrès,** dont les autoroutes, les usines et les logements sociaux sont les manifestations tangibles. Aujourd'hui c'est une préoccupation **écologique.** 2 / La volonté de se démarquer, de conserver pour soi seul la connotation prestigieuse du mot et d'affirmer le caractère global de leur démarche a conduit certains écologistes à forger, pour désigner les partisans d'un courant qu'ils récusent, le terme d'**environnementalistes.** Par rapport à ceux-ci, les écologistes prétendent affirmer une conception radicale et globale, où l'écologie constitue la doctrine fondatrice d'une société nouvelle. Leurs adversaires au contraire n'auraient que des préoccupations limitées au cadre de vie. Ils se contenteraient de soigner les atteintes les plus graves à celui-ci, sans entreprendre la critique fondamentale du système politico-économique qui rend celles-ci inévitables.

**Effet d'annonce.** L'évolution de l'expression **effet d'annonce** est particulièrement intéressante. Le terme bien que récent décrit une réalité vieille comme la politique : l'annonce d'une mesure produit un effet spécifique, indépendant de ses conséquences (s'il y en a) et même de la probabilité raisonnable que cette mesure entraîne des conséquences ; cet effet peut être mis à profit pour créer un choc psychologique, inverser une courbe de popularité, faire monter la bourse, etc. Au départ on a donc une *description* d'une pratique politique – réalité qui intéresse la science politique et non la politique. Mais très vite le mot a été intégré au discours politique comme *dénonciation* du comportement des adversaires du locuteur. De toute annonce on peut dire maintenant : « C'est un effet d'annonce ! » pour signifier : ce n'est que cela.

**Électeur.** L'électeur est évidemment celui qui vote et s'oppose à l'abstentionniste. Mais le mot sert parfois à distinguer chez l'adversaire les *dirigeants*, voués aux gémonies, et les **électeurs** – abusés, mais sincères – qu'il ne faut pas **diaboliser.**

**Électoralisme.** Dans les partis de tradition social-démocrate, on qualifiait, pour la condamner, d'**électoralisme** la tendance qui poussait certains dirigeants, souvent des élus, à sacrifier la pureté de la doctrine et les objectifs à long terme du mouvement à la conquête de mandats électifs, considérés comme des avantages à court terme et précaires par nature. Il y a évidemment quelque chose de paradoxal dans le fait de condamner l'effort pour obtenir les meilleurs résultats possibles dans un processus électif auquel on choisit par ailleurs de participer. Le paradoxe s'explique par la concurrence des thèses révolutionnaires – qui, elles, récusent radicalement la compétition électorale –, par l'engagement existentiel des militants au service de la cause et par le conflit larvé au sein des partis de masses entre ceux-ci et les élus, toujours plus au moins suspectés de se servir du mouvement plutôt que de le servir. Des conditions identiques sont susceptibles de produire le même effet dans n'importe quelle formation politique de masses. On peut observer d'autre part que le simple fait de présenter sa candidature implique nécessairement un certain **électoralisme** : même des thèses extrémistes peuvent être présentées de manière à ne pas systématiquement faire fuir l'électeur. Comme il n'existe pas d'appareil susceptible de définir et de mesurer une norme en la matière, l'accusation d'**électoralisme** présente inévitablement un caractère d'arbitraire : l'adversaire en est coupable, mais on peut se livrer à des pratiques identiques tout en demeurant innocent.

**Élever le débat.** Il est bien vu de dire dans une discussion politique : « Il faut élever le débat ! » On ne dit jamais « Il ne faut pas élever le débat » ou « Il faut abaisser le débat. » La formule implique que le débat peut être plus ou moins élevé, autrement dit qu'il existe des sujets dont il est préférable de ne pas parler et d'autres qui, à l'inverse, induisent largeur de vue et nobles pensées. On appelle donc à **élever le débat** lorsqu'il semble que celui-ci *s'enlise* (terme technique), soit qu'il se perde dans des détails, oiseux ou triviaux, soit qu'il tourne au règlement de compte personnel. Mais rien n'empêche évidemment que cet appel ait valeur de diversion : les sujets gênants pour un locuteur provoquent souvent chez lui un appel vibrant à **élever le débat.**

**Éminence grise.** L'expression (qui évoque le souvenir du père Joseph, conseiller du cardinal de Richelieu – celui-ci étant pour son part une *éminence rouge*) désigne un personnage qui exerce un grand pouvoir de fait en raison de l'influence dont il jouit sur les dirigeants officiels. La formule s'intègre bien dans une conception paranoïaque du pouvoir pour laquelle l'apparence est nécessairement trompeuse. Elle paraît cependant en déclin. N'est-ce pas une conséquence de la médiatisation ? Un pouvoir qui souhaite rester inconnu doit soigneusement se dissimuler, tandis que les conseillers du prince font tout pour se placer sous les projecteurs. L'éminence grise occupait une position intermédiaire : discrète mais connue, sa niche écologique a sans doute disparu.

**Ennemi.** Selon la célèbre définition de Carl Schmitt, la politique serait l'art de désigner l'**ennemi.** Si l'on prend la formule au pied de la lettre, il n'existe plus de politique : le terme d'**ennemi** est en effet aujourd'hui éliminé du discours ; on ne parle plus que d'**adversaire.**

**Enrichissement personnel.** Pratique, unanimement condamnée, de certains hommes politiques qui mettent dans leur proche tout ou partie des sommes extorquées aux entreprises sous prétexte de financement politique.

Mais il convient d'observer que la réprobation ostentatoire qui vise ces comportements sert également à occulter l'autre moitié du problème – à savoir le fait que, du point de vue des victimes du racket (et, accessoirement, de la loi et de la morale), la question de la destination finale des fonds n'est pas la seule pertinente. Le revers de la condamnation est donc l'auto-amnistie.

**En son temps.** Formule à utiliser lorsqu'on ne souhaite pas répondre à une question portant sur une date ou une échéance : « Cela se fera en son temps. » Euphémisme pour dire : jamais. On dit aussi : *le moment venu.*

**Environnementalistes.** Définition réductrice, donc péjorative, appliquée par les tenants d'une **écologie** radicale et politique à ceux qu'ils tiennent pour exclusivement préoccupés de l'environnement. Ces derniers, qui n'acceptent pas d'être définis par leurs adversaires et ne veulent pas renoncer au terme porteur d'**écologie,** préfèrent se définir comme les tenants d'une **écologie pragmatique.**

**Équipe.** Parmi les éloges que l'on peut collectivement s'adresser à soi-même figure en bonne place **équipe soudée.** Si l'équipe se brise, personne ne dit qu'elle n'était pas soudée ou a cessé de l'être : la formule n'est donc utilisée que de manière affirmative. D'autre part tout responsable politique (comme d'ailleurs tout responsable) se doit de dire, quand il évoque l'œuvre accomplie, en prenant un air modeste, que ce fut un **travail d'équipe.** Mais c'est lui qui le dit, non l'équipe. Et il sait bien, sans même avoir lu La Rochefoucauld, que son air modeste est un second motif de louanges.

**Establishment.** Terme anglais utilisé dans un sens péjoratif et qui désigne au sens large la *bonne société*, au sens étroit les décideurs politiques en fonction. Le mot est associé aux idées de mépris, de caste, de fermeture, d'immobilisme. La dénonciation de l'**Establishment** est censée être un facteur de circulation des élites au sens de Pareto : les gens qui ne sont pas en place utilisent comme vecteur la haine sociale de ceux qui n'y seront jamais pour s'emparer de celle des autres. Dans l'idiolecte d'un dirigeant politique contemporain, *Établissement* est substitué (par souci de francophonie ?) à **Establishment.** Mais comme le mot existe en français avec un tout autre sens, le progrès au point de vue de la pureté du langage semble mince.

**État de droit.** La promotion de la notion d'**État de droit** (concept juridique) au rang de thème politique et son éloge sur un mode lyrique mais optatif traduisent à l'évidence un profond malaise : si l'État français n'est pas un État de droit, qu'est-il ?

**État de grâce.** Laps de temps qui suit l'entrée en fonction d'un responsable politique, notamment à la suite d'élections, et durant lequel il est censé disposer d'une marge d'action importante due au prestige de la nouveauté et à la discrétion provisoire de l'opposition. L'expression – dont il faut noter la connotation religieuse – est utilisée en particulier au sujet des nouveaux présidents de la République. L'intensité du phénomène est cependant très inégale et varie avec la personnalité de l'élu comme avec la conjoncture : l'usage du mot, prodigué ou quasiment évanoui, est un fidèle baromètre de la chose, à moins qu'il ne soit la chose elle-même.

**État-providence.** Par opposition à l'*État gendarme* du XIXe siècle, qui se contentait de faire régner l'ordre, l'**État-providence** est censé prendre en charge les individus et assurer leur bien-être, voire leur bonheur. La formule est l'équivalent de l'expression anglaise *Welfare State*. Mais, fait très remarquable, alors que celle-ci est purement descriptive, celle-là emprunte sa formulation au domaine de la théologie et du sacré. La culture française semble se refuser à l'idée d'un État immanent. Il lui faut, coûte que coûte, penser le système politique selon la catégorie de la transcendance.

**Éthique.** Le mot de *morale* étant, semble-t-il, devenu imprononçable parce que ridicule, la chose demeurant pourtant nécessaire car difficilement remplaçable, la contradiction a été résolue par la promotion imprévue du terme savant d'**éthique.** Il est vrai qu'appeler à la restauration de l'**éthique politique** est bien plus élégant que d'invoquer le retour à la *morale.*

**Euro-.** La place grandissante des affaires européennes dans le discours politique intérieur a eu pour conséquence l'apparition du préfixe **euro-,** puis la multiplication incontrôlée des termes forgés avec lui (*eurodéputé, euroscepticisme, eurocrates, eurodisney,* etc.). On n'en tentera pas ici le recensement. Le domaine est en effet extrêmement mouvant, car livré à la créativité débridée des médias, d'autant plus active qu'elle n'exige pas d'excessive fatigue intellectuelle : rien n'empêche de coller le préfixe **euro-** à tous les substantifs que contient le dictionnaire. Un tri est cependant conseillé : sinon on risque néanmoins d'aboutir à des créations qui, pour être savoureuses, risquent de voir leur opportunité discutée (*euroconnerie,* par exemple).

**Européen.** D'un point de vue politique, ce qualificatif apparaît sublime ou odieux selon le locuteur qui l'emploie. Le mot n'a ici aucune autonomie. Il est pur reflet d'un système de pensée constitué antérieurement.

**Exclusion, exclus.** 1 / Il semble que la première apparition du terme remonte à l'ouvrage de M. René Lenoir, *Les exclus* (1974). L'auteur désignait par là les handicapés, physiques et intellectuels. Cette acception restrictive appelait la mise en place de solutions techniques et catégorielles, non politiques et globales. Ces caractères – incompatibles avec la logique marxiste, qui faisait encore autorité dans une partie de l'opinion – provoquèrent un virulent rejet de la notion par les partis de gauche. 2 / Dans un second temps la notion s'étend : elle inclut les marginaux, en rupture avec le mode de vie dominant, et les pauvres, ce qui permet sa récupération par les partis de gauche et même sa réinterprétation en termes marxistes. A cet emploi absolu s'ajoute des emplois relatifs : on parle de plus en plus volontiers d'exclus de ceci ou cela (« les exclus de la culture »). Ces significations sont en un sens incompatibles, car on peut être exclu de ceci ou cela sans être, absolument, exclu. Mais, dans la logique du langage politique, elles convergent plus qu'elles ne s'opposent. 3 / Cette évolution va logiquement conduire à la promotion du substantif **exclusion.** Étape importante. Car, à l'origine, **exclus** a un sens purement objectif, dont les vertus affectives ne se dégageront que peu à peu. **Exclusion** comporte en revanche des implications lourdes. Le mot désigne en effet un processus et engage à voir en celui-ci le produit d'une force extérieure et non naturelle. L'identification de ce processus induit à son tour l'idée d'une action volontaire et consciente. D'autre part le singulier (**l'exclusion,** non *les* exclusions) est un opérateur de globalisation : il réduit la complexité des situations concrètes à une seule cause, nommée, dénoncée et par là, en un sens, maîtrisée. La globalisation mythique ne facilite pas nécessairement la mise au point de solutions concrètes, mais elle facilite grandement les solutions imaginaires. Une cause unique et malfaisante : on est bien près ici de la *causalité diabolique* décrite par M. Léon Poliakov. Il est probable qu'on touche ici à l'une des raisons qui ont assuré à ce thème le succès exceptionnel que l'on sait. 4 / Toutefois l'arme a été largement neutralisée par la tactique des partis de la droite classique qui ont repris le thème à leur compte. (Le Front national, en revanche, n'en a rien fait : clivage linguistique très significatif.) En criant à l'exclusion, en multipliant – même sans succès – les « politiques de luttes contre l'exclusion », la droite a neutralisé les effets les plus pervers (de son point de vue) qu'impliquait ce thème. Remarquable exemple de la plasticité du langage, dont les implications, loin de traduire des essences, peuvent être retournées par l'habilité des acteurs comme par les hasards de la conjoncture. 5 / On notera toutefois l'apparition de l'expression **fracture sociale,** dont les connotations apparaissent moins gênantes du point de vue des partis de droite.

**Exécution.** L'utilisation du mot exécution dans des cas où il n'aurait jamais été utilisé jadis (« les terroristes ont *exécuté* leurs otages ») et la désuétude corrélative de l'expression « exécution sommaire » constituent un symptôme frappant d'une tendance à effacer l'opposition entre violence légitime et illégitime.

**Extrême, extrémisme, extrémiste.** Comme beaucoup d'adjectifs indiquant une direction ou une quantité, extrême est intrinsèquement ambivalent et se modèle sur le phénomène qualifié. Il peut être positif : « Si Peau d'âne m'était contée, j'y prendrais un plaisir extrême. » Mais dans le vocabulaire politique, le terme est toujours péjoratif. Cette spécialisation est à la fois inscrite et sans cesse réaffirmée dans l'usage exclusivement péjoratif du substantif **extrémisme** et de l'adjectif **extrémiste.** Toutefois il demeure vrai que la valeur du qualificatif est informée par celle de la chose qualifiée. En témoigne le fait qu'« extrême gauche » est beaucoup moins péjoratif qu'« extrême droite ». Tout se passe comme si « extrême droite » impliquait nécessairement l'évocation des crimes d'Hitler, alors qu'« extrême gauche » peut être proféré sans susciter le rappel des crimes de Lénine, de Staline ou de Pol Pot. Cette observation permet aisément de comprendre pourquoi les partis d'extrême droite récusent ce terme. (La question de savoir s'ils méritent ou non de se le voir appliqué est évidemment une question tout autre : elle dépasse le niveau du langage et implique une prise de position sur le fond. Mais y a-t-il un fond, c'est-à-dire une essence de l'extrême droite sous laquelle on peut subsumer telle ou telle formation politique ?) On comprend aussi – et il serait difficile de comprendre cela autrement, c'est-à-dire d'un point de vue logique – pourquoi certains politologues, au nom de leur conception de l'objectivité, et certains politiciens, au nom de leur intérêt manifeste, préfèrent substituer, pour désigner certains cas concrets, l'expression « droite extrême » à celle d'« extrême droite ». Car si la dénotation est à l'évidence identique, la première formule, en rompant le cliché habituel, minimise les connotations que celui-ci appelle. Elle insiste aussi sur l'idée de continuité – la droite extrême n'est qu'une droite poussée et l'on passe, sans solution de continuité, d'elle à la droite puis au centre droit, etc. – alors qu'« extrême droite » en est venue à manifester une différence de nature, analogue à celle qui sépare la lutte politique du génocide.

# F

**Facilité.** Adopter un comportement qui peut paraître adéquat, parce que populaire, efficace ou de simple bon sens, mais qu'on a décidé d'écarter pour une raison quelconque, serait **tomber dans la tentation de la facilité.**

**Fanatisme, fanatique.** 1 / Exagération d'un sentiment reposant sur un fondement idéologique, religieux ou politique (un tueur en série, sans être nécessairement sympathique, n'est pas pour autant un fanatique) et qui pousse les individus qui le partagent à des actes jugés odieux. 2 / Dans le langage de Fouquier-Tinville et de quelques-uns de nos contemporains, toute personne qui manifeste un sentiment religieux.

**Fatalité.** La notion de **fatalité** est négativement importante dans l'ordre politique. Elle désigne en effet ce qui est hors de portée de l'action humaine et que l'on ne saurait en conséquence ni promettre à l'électeur, ni imputer à la responsabilité des gouvernants. Il en résulte que l'usage du mot est radicalement inverse selon qu'on se place du côté des **responsables** ou du côté de ceux qui aspirent aux **responsabilités.** La dialectique de la fatalité n'a d'ailleurs rien de spécifiquement politique. Pour qu'elle se mette en place, quatre facteurs suffisent : un objet, un ou des responsables de cet objet, un ou des candidats à la succession de ceux-ci, une opinion susceptible de peser sur le remplacement ou le non-remplacement des premiers par les seconds et qu'il convient donc de persuader qu'existe ou non un rapport entre la bonne ou mauvaise gestion de l'objet et l'action des responsables. Ces quatre paramètres peuvent n'avoir aucun caractère politique. C'est bien toutefois dans l'ordre politique que le mécanisme atteint son apothéose. Nulle part en effet la compétition n'est plus vive ; les gouvernants, par le fait d'être en vue, focalisent les haines, les fantasmes, les angoisses et les espoirs ; il est plus facile de changer de gouvernement que d'éviter les cataclysmes, de guérir les épidémies ou de relancer la machine économique. Aussi voit-on le phénomène se manifester dans sa pureté de cristal : le candidat déclare : « Le chômage n'est pas une **fatalité** ! », « Il n'y a pas de **solution miracle** ! » dit l'élu. « Il serait trop facile d'invoquer la **fatalité** » disent, après la catastrophe, les opposants. Les partisans du gouvernement ne parlent pas nécessairement de **fatalité,** mais font tout pour suggérer que l'événement est le fruit du **hasard.** Autrement dit, les gouvernants évoquent la nécessité pour le futur et la contingence pour le passé ; les candidats au pouvoir font l'inverse.

**Féodalités.** Dans le discours classique (aujourd'hui à peu près tombé en désuétude) des adorateurs de l'État, tous les centres de décision autonomes et donc soupçonnés de faire passer leurs intérêts avant l'**intérêt général** sont des **féodalités** contre lesquelles il convient de lutter. Le mot vaut donc condamnation.

**Fidèle.** Le mot est toujours laudatif, mais s'emploie différemment selon les contextes. En tant qu'adjectif, il peut s'appliquer à soi-même : « Je reste **fidèle** à mes engagements ! » En tant que substantif certaines traditions l'utilisent comme éloge (« Il a toujours été **fidèle** à J. Chirac ! ») alors que d'autres verraient dans une telle formule un signe intolérable de personnalisation : les partis de gauche valorisent la fidélité à des principes et non à des individus. En revanche dans l'usage journalistique, « fidèle » se dit de tout individu qui se place, de manière non statutaire, dans la mouvance d'un dirigeant politique. Le mot s'applique alors à tous les partis et sert, accompagné du nom de l'individu, de synonyme à l'adjectif formé sur le patronyme de celui-ci : on dit indifféremment « fidèle de M. Jospin» et «jospiniste». Il est à noter que la connotation morale du terme est alors neutralisée: on connaît des fidèles qui cultivent la vertu de fidélité, d'autres chez lesquels celle-ci ne semble pas dominante.

**Formation, former.** On ne sait si la formation permet de régler tous les problèmes, mais elle permet à coup sûr de finir tous les discours. Toute tirade – politique ou journalistique – traitant d'une difficulté quelconque peut en effet honorablement se conclure par un appel à la **formation des hommes** (véliplanchistes, accompagnateurs d'enfants dans les autobus scolaires, policiers municipaux, etc.). Cette formule présente de grands avantages: elle s'applique à tout (quelle activité humaine est incompatible avec une **formation**?); elle ne saurait faire de mal (une **formation** inutile est concevable, pas une **formation** néfaste); enfin, si la solution apparaît insuffisante, on lui adjoindra un appel aux **réformes de structures.** On peut noter en outre: 1/que l'appel à la **formation** atteint sa pleine efficacité sans qu'il soit nécessaire de préciser en quoi consisterait celle-ci, comment elle serait financée, qui formerait les formateurs, etc.; 2/qu'il existe une seule profession au sujet de laquelle l'idée de **formation** n'est jamais évoquée: celle de journaliste. Le détenteur d'une carte de presse est, de ce seul fait, présumé compétent pour traiter tout sujet.

**Fort.** Adjectif qui permet de marquer, dans le jargon contemporain, à condition d'être postposé, l'importance que le locuteur attache à un objet quelconque: message **fort,** geste **fort,** signal **fort,** mesure **forte,** échéance **forte,** etc. Cet usage stéréotypé, phénomène de mode, pourrait en avoir le destin.

**Fracture sociale.** Version de l'**exclusion** apparue à l'occasion des élections présidentielles de 1995. Ce mot évoque quelque chose qui ressemble plus à un accident conjoncturel qu'à un conflit structurel d'intérêt. En outre le propre d'une fracture est qu'elle peut être *réduite.* Dans ses causes comme dans son issue, la fracture est doublement marquée du signe de la contingence. La formule prend donc acte d'une situation de fait tout en limitant strictement les implications.

**Français.** Adjectif ambivalent : 1 / Jadis éloge hyperbolique. Le mot était à lui seul capable de sublimer et de sanctifier les réalités les plus imprévues – et les moins engageantes a *priori* : « Un volcan français ! Enfin... nous en possédons un en activité, crachant du feu, des laves, du souffre, capable de causer des tremblements de terre, de couvrir de cendres Herculanum et Pompéi si ces villes étaient à portée » (Paul d'Ivoi, *Le sergent simplet à travers les colonies françaises* (1895) ; cité par R. Girardet, *L'idée coloniale en France*, la Table ronde, 1972, p. 85). 2 / Aujourd'hui le mot est susceptible de véhiculer des réticences, voire d'être franchement péjoratif. Cet usage est toutefois, pour des raisons évidentes, moins marqué dans le langage politique que dans le langage ordinaire. Il est remarquable que l'adjectif **franchouillard,** qui mêle inextricablement la distance sociale – car le sentiment qu'il évoque passe pour caractéristique des classes défavorisées – et la haine de soi, et dont le caractère péjoratif ne fait pas de doute, n'est *jamais* employé dans le discours politique. (Il serait d'ailleurs intéressant de savoir s'il existe une autre peuplade au monde qui ait inventé un terme péjoratif pour se désigner elle-même.)

**Franco-français.** Désigne une tendance à l'égoïsme, au repliement sur soi, une myopie qui pousse l'homme à voir sa taupinière plus grande que l'univers. Toutefois le redoublement du terme n'a cette valeur que parce que le terme est *a priori* péjoratif. On s'en rend compte en forgeant *germano-allemand*, qui serait plutôt élogieux, et *américano-américain*, synonyme d'apothéose.

**Front populaire.** Alliance (électorale, mais n'excluant pas un gouvernement de coalition) entre les partis de gauche, communiste, socialiste, éventuellement radical. Dans le langage communiste le terme s'oppose à **front uni** (ou unique) : le premier désigne en effet une stratégie d'alliance avec le Parti socialiste en tant qu'organisation, alors que le second implique la poursuite d'une *union à la base*, contre les états-majors. En d'autres termes le **front populaire** est un mot d'ordre d'entente, avec les socialistes, alors que le **front uni** est un mot d'ordre de combat contre eux.

# G

**Gauche et droite.** Voir **droite et gauche.**

**Gauche caviar.** L'expression naît d'un étonnement sans doute sincère : comment peut-on être à la fois riche et de gauche ? A la réprobation générale que suscite en France la richesse s'ajoute, pour le sens commun, la gêne de ce qui n'est pas dans l'ordre naturel des choses. A gauche, le phénomène demeure innomé. Il n'y a pas, d'autre part, de *droite caviar* car ici la formule serait – sur le plan symbolique, bien sûr – un pléonasme.

**Gauchisme, gauchiste.** L'expression est à l'origine péjorative : Lénine, dans sa brochure : *La maladie infantile du communisme (Le gauchisme)* (1920), donne une leçon de tactique révolutionnaire aux partis communistes occidentaux : il faut savoir faire preuve de souplesse et ne pas écarter les compromis imposés par les conditions objectives. Le mot condamne donc l'esprit dogmatique qui fait passer les principes avant une juste appréciation des rapports de forces. A la suite de cette mise en garde, le **gauchisme** a été excommunié dans tous les régimes communistes. Le terme vaut également condamnation de la part des partis de droite qui lui donnent plutôt une nuance d'extrémisme ou d'utopie. En revanche, dans la mouvance de Mai 68, l'appellation a parfois été revendiquée par les intéressés.

**Gaulliste.** Comme substantif, le terme désigne les partisans du général de Gaulle ; comme adjectif toute réalité qui se réclame de lui (doctrine, mouvement, etc.). Comme tous les termes analogues, le mot change radicalement de valeur selon qu'il est utilisé par des partisans ou par des adversaires. Ce caractère inévitablement controversé a cependant conduit à forger l'adjectif **gaullien,** qui échappe à ces ambiguïtés. Il sert en particulier à qualifier, de manière neutre ou positive, tout ce qui appartient à l'individu dans sa singularité (style gaullien).

**Généreux.** On dit la **gauche généreuse,** sans qu'il soit précisé avec l'argent de qui s'exerce cette générosité. En revanche la *droite généreuse* ferait rire.

**Génocide.** 1 / Le mot désigne le massacre systématique et planifié – donc intentionnel – d'une population. Bien que des précédents historiques puissent être évoqués (l'anéantissement des Vandales par les Byzantins), c'est le XXe siècle qui a hélas fourni les exemples les plus caractéristiques. Le paradigme en la matière est évidemment la *destruction des Juifs d'Europe* (pour reprendre le titre du livre de R. Hilberg) par les nazis pendant la seconde guerre mondiale. On utilise également le terme de **génocide** pour désigner le massacre des Arméniens par les Turcs pendant la première guerre mondiale, des Cambodgiens par le régime des Khmers rouges ou les massacres interethniques (génocide réciproque) au Ruanda. En revanche le mot **génocide** n'est pas utilisé pour décrire la famine organisée en Ukraine par le régime soviétique durant les années vingt (cinq à six millions de morts). 2 / Le sens du mot génocide, et notamment le fait qu'il serve à désigner le massacre des Juifs par les nazis, fait du terme un synonyme de mal absolu. Dès lors la question de savoir s'il est utilisé dans telle ou telle conjoncture devient un problème politique. Le cas le plus connu est évidemment la controverse sur le massacre des populations civiles vendéennes par les armées de la Révolution : fut-il ou non un **génocide** ? Il est remarquable que le débat ait porté sur le *mot*, alors que l'usage de celui-ci aujourd'hui ne saurait accroître le nombre des victimes, et que son refus ne ressuscite personne : tout se passe comme si les massacres réels – dont le caractère systématique et intentionnel n'est pas nié – ne sont pas de nature à jeter une ombre sur la robe immaculée de la Révolution, alors que celle-ci verrait sa réputation compromise par l'emploi reconnu du mot **génocide.**

**Girouette.** Terme remontant au XIXe siècle et qui désigne un homme politique dont les convictions changent avec l'opportunité tout comme la girouette obéit au vent. *Le Nouveau dictionnaire des girouettes* (1831) porte en épigraphe une phrase de Chateaubriand : « Il est des hommes qui, après avoir prêté serment à la république une, indivisible, au directoire en cinq personnes, au consulat en trois, à l'empire en une seule, à la première restauration, à l'acte additionnel, à la seconde restauration, ont encore quelque chose à prêter à Louis-Philippe. » On admirera, outre l'éloquence de l'auteur (qui figure d'ailleurs dans l'ouvrage à titre de spécimen), le raccourci qui illustre à merveille une certaine idiosyncrasie politique française. La formule pourrait être actualisée.

**Giscardien.** D'abord utilisé substantivement, comme synonyme familier de **Républicains indépendants,** l'adjectif a vu son champ élargi à toutes les initiatives et idiosyncrasies de M. Giscard d'Estaing, notamment durant sa présidence.

**Grève politique.** Grève ayant pour objet, implicite ou explicite, des revendications politiques ; grève organisée par un parti politique pour appuyer ses revendications ; grève insurrectionnelle. Au XIXe siècle, tant que la grève fut interdite, y recourir était un acte de rébellion ouverte qui se distinguait mal de l'émeute. A cette époque l'expression **grève politique** était inusitée, car elle aurait eu valeur de pléonasme. Aujourd'hui, en revanche, on ne dit pas « grève sociale » (alors qu'on oppose un « conflit politique » à un « conflit social »). Ce simple fait montre que la représentation de la grève a changé : de remise en cause virtuelle de l'ordre établi, elle est devenue un conflit du travail. Quand le phénomène déborde ce cadre étroit le fait mérite d'être signalé.

**Goulag.** Terme russe rendu mondialement célèbre par le titre du livre d'Alexandre Soljenitsyne, *L'Archipel du Goulag*. Il s'agit en réalité d'un sigle, qui signifie *Administration générale des camps*. Mais, en français, devenu nom commun, le mot en est venu à désigner le système concentrationnaire soviétique et les camps eux-mêmes, puisqu'il est susceptible de s'écrire au pluriel. Il est clair que le succès du mot, percutant et exotique, n'a pas été pour rien dans la prise de conscience, extrêmement tardive, des réalités qu'il désigne.

**Gouvernement des juges.** Formule censée décrire le pouvoir exercé par la Cour suprême des États-Unis et qui doit faire frémir d'horreur toute âme politique et française bien née. La tradition républicaine fait des élus les représentants de la Nation : eux seuls peuvent vouloir en son nom. Les juges ont pour seule fonction d'appliquer la loi votée et modifiée par les représentants. Que des juges, dépourvus de légitimité démocratique, gouvernent est donc l'abomination de la désolation. L'ennui est que cette doctrine aboutit virtuellement à nier toute consistance de l'ordre juridique : la formule fameuse de M. Laignel (« Vous avez juridiquement tort parce que vous êtes politiquement minoritaire ») résume parfaitement les conséquences extrêmes de cette logique. La remise à l'honneur de la notion de droit à laquelle on assiste aujourd'hui contribue à l'inverse à un certain effacement de la formule bien qu'elle soit encore utilisée comme épouvantail contre l'influence grandissante du Conseil constitutionnel.

## H

**Hasard.** En toute rigueur le hasard est le contraire de la **fatalité,** puisque celle-ci implique le déterminisme et que celui-là, quel que soit le sens précis qu'on lui donne, le nie. Toutefois la fatalité étant le produit de causes inconnues ou inaccessibles à l'action humaine, elle s'assimile subjectivement au hasard et ce que l'on a dit de l'une est également applicable à l'autre. « Ce n'est pas un **hasard** si... » constitue en tout cas une des formules clés de toute politique. Elle vise en effet à établir un lien de nécessité entre deux séries de faits apparemment indépendantes : l'état du monde d'une part, la personne des gouvernants d'autre part. En d'autres termes elle sert à imposer l'idée de la responsabilité des seconds dans le premier chaque fois où celui-ci paraît ne dépendre en rien de la volonté de ceux-là. En revanche on dira que « ce n'est pas un hasard si » le peuple est affamé : le roi protège les accapareurs qui spéculent sur le blé pour s'assurer d'énormes profits. La formule est également utilisée pour substituer à une explication reçue – officielle, commune ou de bon sens – une autre explication donnée pour secrète, mais découverte grâce à la perspicacité exceptionnelle ou aux relations bien placées du locuteur. « Ce n'est pas un hasard si » l'on n'a pas arrêté l'auteur des crimes de Jack l'éventreur : l'habileté du criminel, la maladresse de la police ou la **fatalité** ne sont pas des explications. En réalité l'échec est dû à ce que le monstre était membre de la famille royale. On remarquera toutefois que ce second sens n'est qu'une variante du premier : là aussi il s'agit d'imputer aux gouvernants la responsabilité de faits qui ne semblent pas *a priori* les concerner.

**Héritage.** Pour expliquer et justifier les conséquences de sa politique, un gouvernement peut invoquer **l'héritage.** Le mérite de l'argument tient à ce que l'on a toujours des prédécesseurs. Mais son efficacité décroît avec le temps : le moment vient où l'on ne saurait plus l'évoquer sans faire rire ; cf. **Bilan.**

**Homme.** Un politicien responsable écrit l'Homme, au singulier et avec une majuscule. La portée exacte de cette promotion typographique est mal connue. Elle est en tout cas difficilement traduisible en allemand, où tout substantif prend une majuscule.

**Homme de culture.** Éloge très prisé par les politiques. On peut toutefois s'interroger sur l'exacte portée des transports qui accompagnent la formule : manifestent-ils le caractère exceptionnel d'un individu (François Mitterrand, par exemple) ou le caractère exceptionnel de la culture parmi les politiciens ?

**Homme providentiel.** Individu qui, par son charisme, son habileté ou son courage, s'avère capable d'assurer le salut de la patrie. La question de savoir si de tels hommes existent ou ont existé ne relève pas de cette étude. Au niveau du langage, il faut observer que l'expression est toujours ironique. Il est exclu que l'**homme providentiel** présumé se décerne ce titre. Ses partisans ne l'emploient pas non plus. Seuls ses adversaires utilisent le mot, mais pour en réfuter l'idée. (En revanche il n'est pas exclu qu'on parle *rétrospectivement* d'un héros positif comme d'un **homme providentiel** : mais il y faut la distance historique.)

**Humanisme, humaniste.** L'humanisme fait partie des vertus que l'on peut s'attribuer à soi-même. Peu de termes ont un contenu aussi vague, ce qui constitue sans doute un avantage pour un compliment : comment démontrer qu'il n'est pas fondé ? Effectivement, personne n'a jamais dit à un adversaire : « Monsieur, vous n'êtes pas un humaniste ! »

**Humanitaire.** Symptôme à la fois d'une prise de conscience des malheurs du monde et d'une renonciation aux solutions radicales mais utopiques – car l'action **humanitaire** admet elle-même n'être qu'un palliatif –, le terme a connu un succès prodigieux. Insuffisant toutefois pour désamorcer les critiques qui lui reprochent tantôt son inefficacité, tantôt ses dérives vers le pur spectacle, voire l'usage qu'en font ses responsables en vue de leur propre promotion.

# I

**Idéologues, idéologie, idéologique.** Le mot idéologie est d'origine savante. Il a été forgé à l'extrême fin du XVIIIe siècle par Destutt de Tracy. L'histoire du terme et de ses significations successives dans les sciences humaines, particulièrement compliquée, ne saurait être abordée ici. Le mot, cependant, est entré dans le vocabulaire politique courant. A cet égard on peut observer : 1 / qu'**idéologue** est toujours péjoratif: il l'était déjà pour Napoléon ! ; 2 / qu'**idéologique** est généralement pris au sens de *dogmatique* et connote les idées d'abstraction, d'apriorisme, de manque de souplesse intellectuelle et morale, voire de fanatisme ; 3 / qu'**idéologie,** bien que généralement moins péjoratif que ses deux dérivés, est rarement pris en un sens positif. (Il en allait autrement en Union soviétique, où existait par exemple un « secrétariat à l'idéologie ». Or on n'utilise pas de terme péjoratif dans la titulature officielle.)

**Immobilisme.** Il y eut un homme pour se féliciter de pratiquer l'**immobilisme** : Henri Queuille, président du Conseil sous la IVe République. Et certes il est vrai qu'il est parfois rationnel de ne rien faire : on évite des fatigues inutiles en attendant que les problèmes s'usent. Néanmoins le terme est généralement utilisé comme un reproche – il désigne la *mauvaise durée.* L'opposition dénonce **l'immobilisme** des gouvernants. Ceux-ci, quant à eux, gardent le **cap** et se félicitent de la **stabilité.**

**Individualisme.** Terme utilisé lorsque, dans un secteur donné de l'activité collective (car ce qui relève de l'individu seul ne s'appelle pas **individualisme**), l'appréciation des acteurs se substitue (ou qu'on laisse se substituer l'appréciation des acteurs) à celle de la collectivité exprimée sous une forme quelconque (tradition, loi, conformisme, etc.). A la limite le mot **individualisme** en vient à désigner l'utopie selon laquelle le caprice individuel peut constituer l'unique facteur de régulation sociale. D'un point de vue théorique, le mot a plusieurs usages : 1 / la **montée de l'individualisme** passe pour une explication de tous les phénomènes d'abandon ou d'érosion des normes sociales, religieuses, éthiques, juridiques, etc. Cette explication est évidemment purement verbale. En réalité on qualifie de **montée de l'individualisme** une évolution *accomplie*, c'est-à-dire la constatation selon laquelle, dans un domaine particulier, un consensus général mais tacite – et auquel il serait mal vu de s'opposer : ce serait de l'**ordre moral** – a décidé de ne plus faire respecter une norme sociale jusqu'ici admise. Il y a donc à la fois ici usage magique du langage (on maîtrise le phénomène parce qu'on le nomme) et opérateur de dévalorisation (cf. **phénomène de société, moyen d'expression**) ; 2 / cependant le terme étant à l'évidence ambivalent – car on peut attendre de l'individu le pire comme le meilleur – il peut également servir à *dénoncer* l'évolution que, dans le premier sens, il légitime en en prenant acte ; 3 / enfin, prodige que seul le langage autorise, il peut faire les deux à la fois : le mot sera simultanément constat du fait accompli et lamentation sur l'état du monde, renonciation à la valeur et réaffirmation de la valeur. Le même discours pourra être entendu en des sens radicalement opposés selon les propres positions de l'auditeur. Un discours composé par celui qui l'écoute et à sa satisfaction, n'est-ce pas l'idéal de tout langage politique ? Mais n'est-ce pas aussi le reflet de l'incertitude essentielle d'une société, à la fois enthousiaste et inquiète de ses propres initiatives ?

**Insertion.** Le terme constitue le double positif d'**exclusion** et a suivi les avatars de ce dernier. En mineur toutefois : si **exclusion** suscite des mouvements affectifs violents, il n'en va pas de même d'**insertion.** Cette dissymétrie s'explique d'abord – hélas – par une donnée de fait : il est plus facile de montrer des exemples concrets du premier phénomène que du second. (Notons que s'il est courant d'évoquer les **exclus,** nul ne parle jamais des *insérés*, malgré le Revenu minimum d'insertion. Non qu'il n'y en ait pas : mais la réussite même du processus les fait disparaître en tant qu'objets sociaux intéressants.) En outre on ne peut qu'être frappé par le caractère rebutant, technocratique et sans chaleur du terme qui semble évoquer moins des êtres humains que des sardines rangées dans une boite en fer-blanc.

**Inquisition fiscale.** Terme péjoratif, très aimé pour désigner l'action des services fiscaux dans les catégories sociales dont les revenus ne sont pas déclarés par des tiers.

**Intérêt général.** Une définition objective de l'**intérêt général** pose des questions fort délicates. Mais dans le discours politique le terme est seulement un signe positif, qui est censé mettre au-delà de la critique tout objet auquel il est appliqué : c'est un opérateur de légitimation. Il en résulte qu'un « mauvais intérêt général » est une contradiction dans les termes : pour disqualifier un objet, il faut démontrer qu'il correspond en réalité à un *intérêt particulier*.

**Isolement.** La politique étrangère du gouvernement conduit, selon l'opposition, à l'**isolement** de la France, décrite comme *frileuse* et *repliée sur elle-même*. En quoi consiste concrètement ce phénomène ? La chose n'est pas dite. Mais le mot est censé faire très peur et justifie donc toute prise de position que l'on avait déjà arrêtée.

# J

**Jacobin.** Le mot n'a plus guère aujourd'hui le sens qu'il avait encore au début du siècle (extrémiste de gauche, voire partisan de la terreur). Il signifie essentiellement adversaire de la décentralisation et, mais plus rarement, partisan de la manière forte. Il est donc plutôt péjoratif.

**Jeter le bébé avec l'eau du bain.** L'expression proverbiale « Il ne faut pas jeter le bébé avec l'eau du bain » est utilisée (notamment au Parti communiste : il est vrai que l'eau du bain y était particulièrement sale) au sens de « ne pas établir de façon inopportune un rapport de nécessité entre l'accessoire et l'essentiel». La formule est exactement symétrique de «Ce n'est pas un **hasard** si...». Comparez: «Ce n'est pas un hasard si la pollution se développe en régime capitaliste» et «Il ne faut pas jeter le bébé du communisme avec l'eau du stalinisme». En revanche on ne saurait dire: «Il faut jeter...» pas plus que «C'est un hasard si...» L'enjeu essentiel est bien, dans les deux cas, la contingence ou la nécessité du rapport entre les termes.

# L

**Lampiste.** Archétype de l'employé subalterne, sans responsabilité ni prestige – comme les individus, généralement de jeunes enfants, chargés de l'entretien des lampes de mineurs – et auquel on s'en prend néanmoins afin d'éviter de mettre en cause les *vrais coupables*, intouchables parce que haut placés. Si le **lampiste** est vraiment coupable (ce qui, après tout, n'est pas impossible), le mot fonctionne comme **bouc émissaire.**

**Langue de bois.** Phénomène complexe, la **langue de bois** présente des dimensions linguistiques, sociologiques, politologiques, dont l'analyse excéderait le cadre du présent ouvrage. Mais **langue de bois** est aussi un terme utilisé dans les controverses politiques pour stigmatiser la tendance de l'adversaire à se retrancher derrière un brouillard de stéréotypes, ou son absence radicale de pensée. L'expression est d'ailleurs rarement utilisée – surtout si l'on considère les conjonctures où elle serait utilisable. Est-ce parce que ce reproche risquerait fréquemment d'apparaître comme un boomerang?

**Laxisme.** Le terme a d'abord servi à décrire (avec valeur péjorative) l'attitude des individus qui traitent le langage avec un laisser-aller excessif (en ce sens l'antonyme – qui peut être aussi péjoratif, le comportement du locuteur se définissant comme juste milieu – est *purisme*). Par extension, le mot en est venu à désigner la tendance des autorités politiques à ne pas prendre, en matière de sécurité notamment, les mesures efficaces mais sévères exigées (ou supposées exigées) par la situation. Le terme, avec les connotations autoritaires qu'il implique, est presque exclusivement utilisé par la droite.

**Légitimisme, légitimistes.** Au XIXe siècle, doctrine politique qui voit dans la branche aînée des Bourbons (descendants de Charles X) les seuls héritiers ***légitimes*** du trône de France. (L'antonyme est **orléanistes,** partisans de la branche cadette.) Dans le langage contemporain, on nomme **légitimisme** l'attitude des individus qui soutiennent le président de la République, quel qu'il soit et quoi qu'il fasse. Le mot, en ce sens, est d'usage essentiellement journalistique car les politiques, qu'ils bénéficient ou non de ce phénomène, ont peu intérêt à l'évoquer. Mais on observera que les deux acceptions sont rigoureusement contradictoires, puisque le premier affirme que le seul gouvernement légitime est celui de la branche aînée, alors que le second pose que tout gouvernant est légitime dès lors qu'il est au pouvoir. (Bien qu'ignoré de Max Weber, ce concept de légitimité paraît réaliste.)

**Lendemains qui chantent (les).** Titre d'un film « d'émotion, de vérité et de grandeur française », réalisé en 1946 sous l'égide du Parti communiste et retraçant l'histoire de celui-ci depuis 1935. L'expression, devenue proverbiale, a été très vite prise dans un sens ironique. Elle a servi de matrice à diverses formules parodiques (lendemains qui déchantent, lendemains qui chantonnent) puis est tombée dans un oubli relatif.

**Lettre ouverte.** Manière officielle et solennelle de s'adresser à quelqu'un, la **lettre ouverte** a en fait pour véritable destinataire le public, pris à témoin et choisi comme arbitre du différend. Aussi vise-t-elle moins à obtenir une réponse qu'à manifester l'absence de réponse – ou du moins de réponse satisfaisante – de la part de l'individu ou de l'institution mis en cause. Mais l'expression a le mérite de camoufler ces deux points, en accréditant l'idée que l'on s'adresse à l'adversaire, et que l'on entend engager le **dialogue** avec lui.

**Libéral.** En langage savant, **libéral** réfère à la fois au **libéralisme politique** et au **libéralisme économique,** concepts qui évidemment ne se recouvrent pas. L'un a d'ailleurs pour antonyme **autoritarisme** et l'autre **dirigisme.** Dans le discours politique, le terme est équivoque, car il fait référence tantôt à l'un des sens précédents, tantôt à une acception vague, mais fortement positive: on désigne ainsi un individu aux idées larges, compréhensif, humain, partisan des solutions consensuelles et négociées, etc. En revanche le mot est ambivalent s'il est pris explicitement dans son sens économique: laudatif pour les partisans du **libéralisme,** qui se qualifient volontiers eux-mêmes de **libéraux** – récupérant au passage les connotations positives qu'engendre l'ambiguïté du terme – il est au contraire péjoratif dans la bouche des adversaires du **libéralisme** qualifié de *sauvage*, *thatchérien* ou *reaganien* (adjectifs très négatifs, du moins en France) et du nouvel ordre économique mondial. Et d'autres termes seul le contexte permet d'expliciter la portée du terme.

**Liberticide.** Qualifie une décision ou un texte qui est censé porter atteinte aux libertés fondamentales. Le mot, très décoratif, est solennel: on ne saurait le galvauder, et il convient de le prononcer avec gravité. Il va de soi que l'appréciation de sa pertinence est une question de fait.

**Limoger.** Destituer un responsable de haut rang en le nommant dans un poste subalterne, parfois éloigné. Le mot a été évidemment forgé sur le nom de la ville de Limoges où il était jadis de coutume d'envoyer les militaires en disgrâce, car les impératifs de la défense nationale y apparaissaient, pour des raisons géographiques, moins pressants qu'ailleurs. Dans le jargon de la télévision, on dit plutôt *placardiser*.

**Loi des séries.** Euphémisme utilisé quand des événements malencontreux se succèdent dans un secteur dont le locuteur ou ses amis politiques sont responsables. Variante faible mais par là même utilisable, de **fatalité** : il est *possible* de dire : « C'est la loi des séries ! »

**Loi scélérate.** Expression forgée pour désigner les lois qui visaient à réprimer les actions anarchistes (1893-1894). Aujourd'hui, loi adoptée par une majorité parlementaire dont on ne fait pas partie et qui dépasse le seuil de tolérance habituel des locuteurs. Évidemment le seuil de tolérance est fixé par les locuteurs eux-mêmes, ce qui permet de qualifier ce que l'on veut de loi scélérate. On évite pourtant, en général, de galvauder l'expression : elle traduit donc souvent une indignation véritable, ce qui l'apparente (mais en plus fort) à **liberticide.**

**Luttes.** Terme utilisé par les syndicalistes pour désigner les conflits sociaux vue de leur point de vue. Le terme a des connotations viriles (on ne se laisse pas marcher sur les pieds) tout en impliquant une violence maîtrisée (la lutte n'est évidemment ni la guerre ni l'émeute). Il traduit aussi la volonté de maintenir une représentation agonistique du monde social : les interlocuteurs des syndicats (patrons, État) doivent être définis comme des adversaires et non des partenaires. Les compromis sont des **conquêtes** et non des transactions.

**Lynchage médiatique.** Manière très péjorative de décrire la mise en cause virulente d'un homme politique par les médias. L'expression est utilisée lorsque la situation atteint un degré de gravité incompatible avec la simple dénonciation des **attaques personnelles.** La formule fonctionne comme un opérateur de neutralisation : on peut en effet condamner le fait sans prendre position sur la culpabilité de la victime.

# M

**Manichéisme, manichéen.** Termes utilisés pour dénoncer une vision du monde qui oppose un bien absolu et un mal absolu. Le **manichéisme** est censé ignorer la complexité et la relativité des phénomènes – attitude qui engendre l'intolérance et rend incapable de compromis. Il allie donc l'étroitesse d'esprit, le fanatisme et l'intransigeance. Il n'est pas étonnant dès lors que le mot soit toujours péjoratif et ne s'applique donc qu'à autrui. L'accusation est efficace dans la mesure où, dénonçant la *forme* des opinions de l'adversaire, elle évite de prendre position sur le fond (cf. **anticommunisme primaire**). (On observera en passant que l'antique doctrine du prophète Mani a été, de toutes les traditions spirituelles de l'humanité, la plus universellement persécutée. Cette coutume n'a apparemment pas cessé.)

**Manipulation.** Si vous-même ou l'un de vos amis politiques êtes impliqué, à tort ou à raison, dans une **affaire,** il convient de crier à la **manipulation.** Le mot est d'autant plus adéquat que personne ne sait à proprement parler ce qu'il convient d'entendre par là.

**Manque de lisibilité.** Euphémisme qui vise à signifier que le mécontentement suscité par la politique du gouvernement n'est pas la conséquence des imperfections de celle-ci (puisqu'elle est par hypothèse excellente) mais d'une certaine maladresse, relative et facilement réparable, dans sa présentation ; cf. **déficit d'explication.**

**Masse.** Au singulier le mot – qui s'oppose à *élite* – est généralement péjoratif. Il est rarement employé dans le discours politique, car l'électeur risquerait de le prendre pour lui.

**Masses.** Au pluriel, en revanche, le mot a des consonances épiques. Au XIXe siècle les partis socialistes – qui se laisseront volontiers qualifier de **partis de masses** – ont pour vocation de donner une influence politique aux catégories sociales défavorisées, nombreuses, laborieuses et exploitées. Ils hissent donc au niveau de la valeur l'idée de nombre. Héritiers problématiques et extrémistes du modèle social-démocrate, les partis communistes ont fait un usage systématique de l'expression, soit absolument – les **masses** sont le destinataire naturel de leur action –, soit dans des formules consacrées (travail de masses : action militante à la base ; organisations de masses : organisations spécifiques à recrutement large mais dirigées par le Parti communiste). Il importe en effet pour eux de se présenter toujours comme agissant au nom des masses, bien qu'en bonne logique léniniste il soit exclu d'obéir à la volonté subjective de celles-ci (cf. **avant-garde**).

**Matignon.** Résidence du premier ministre, située rue de Varennes. On dit usuellement Hôtel Matignon, mais il est élégant de dire Hôtel *de* Matignon.

**Maximalisme, maximaliste.** Tendance à exiger (en tous domaines, mais l'emploi politique est premier) le maximum, c'est-à-dire *trop*. Le terme en effet est péjoratif et s'emploie pour décrédibiliser les positions de celui auquel on l'applique. Personne ne se reconnaît maximaliste : les cibles du reproche considèrent au contraire qu'elles apprécient avec réalisme les rapports de forces et les objectifs accessibles.

**Mécontentement.** État de l'opinion selon les partis d'opposition. Selon le Parti communiste, le **mécontentement** est toujours *profond.* (On n'a jamais entendu parler d'un mécontentement superficiel, conjoncturel, etc.) *Profond* il est vrai peut signifier à la fois *considérable* et *bien dissimulé.* L'un de ces deux sens est nécessairement exact, si l'on postule que les masses sont *par essence* mécontentes.

**Meneurs.** Les responsables de la lutte contre les mouvements sociaux ou les insurrections populaires appellent les dirigeants de ceux-ci **meneurs,** pour signifier que ces phénomènes, loin d'être spontanés, sont la conséquence de la volonté diabolique de quelques individus qui manipulent les masses. Pour venir à bout du problème, il suffit donc d'éliminer ceux-ci ; cf. **minorités agissantes.**

**Mentalités. Changer les mentalités** constitue (concurremment à **formation**) la panacée alternative aux **réformes de structure.** Quand la réforme est manifestement impossible, ou a échoué, on en appelle au **changement de mentalité.** « On ne peut augmenter indéfiniment les crédits ! Il faut changer les mentalités ! » Un esprit chagrin pourrait se demander si la formule constitue l'expression du problème ou sa solution. Car il est sûrement *beaucoup* plus difficile de changer les mentalités que d'augmenter les crédits (ou de changer les textes). Mais il est clair que l'efficacité de ce genre d'incantation ne se situe pas au niveau rationnel.

**Mesures.** La promotion du mot **mesures,** qui est relativement récente, semble avoir correspondu à une volonté d'humilité et de pragmatisme (par opposition à décision, action, plan, programme, etc., trop impérieux et théoriques). Volonté relative d'ailleurs, car les mesures sont toujours *concrètes*, *efficaces* et *novatrices*. Elles allaient jadis par *train*. Mais aujourd'hui il paraît plus esthétique de les faire précéder d'un nombre (25 mesures pour ceci, 31 mesures contre cela).

**Microcosme.** Terme de mépris utilisé pour décrire le milieu politique, petit, replié sur lui-même, non représentatif du pays. Le mot a été popularisé par M. Barre, qui n'est pas un politicien professionnel ; cf. **classe politique** et **politique politicienne.**

**Minorité agissante.** Terme péjoratif, qui vise à mettre en valeur le fait que les mouvements sociaux et politiques, loin d'être le produit de la spontanéité des **masses,** sont en réalité manipulés par un petit nombre d'individus. Au-delà de ce que la remarque peut comporter d'exact, elle sert à rassurer les esprits conservateurs en les confirmant dans leurs certitudes sur l'apathie des catégories sociales défavorisées (cf. **meneurs**). Dans l'autre camp, l'expression est proscrite, parce que la tactique exige de présenter les mouvements sociaux comme la conséquence de vagues de fond, unanimes, populaires et spontanés, même lorsque l'on sait pertinemment qu'il n'en est rien – ainsi que la doctrine léniniste le reconnaît d'ailleurs explicitement.

**Mitterrandiste.** Substantif désignant un partisan de François Mitterrand et adjectif décrivant un phénomène présentant un rapport avec lui. La nécessité de distinguer entre substantif et adjectif, sans doute aussi la nuance péjorative parfois assumée par le terme, ont poussé à la création du doublet **mitterrandien.** Le mot, plus révérend, incitait à distinguer entre l'authentique (par exemple la *véritable* pensée mitterrandienne) et ses contrefaçons. Il était rarement utilisé pour désigner des partisans de l'ancien président de la République.

**Monsieur.** Terme d'adresse banal, ce mot revêt parfois une certaine valeur politique. L'emploi habituel du terme avant le patronyme (et à la place du prénom, plus familier) peut revêtir une nuance de respect, ou à l'inverse de distance agressive, soit avoir les deux valeurs (M. Barre). La substitution de ce terme à un titre habituellement utilisé a aussi valeur d'intention : *Monsieur* de Gaulle n'était pas utilisé par tous les adversaires du Général mais dénotait à coup sûr un adversaire. (A lire les copies des étudiants en droit constitutionnel, cette nuance n'est plus perçue.)

**Montée.** Ce terme traduit le sentiment psychologiquement fort, quoique parfois illusoire, de l'évolution à court terme. Mais pas n'importe quelle évolution : il est une expression mesurée de l'angoisse (montée des périls, du chômage, de l'individualisme, etc.). En revanche les évolutions favorables ne sont jamais des **montées.**

**Morale.** Cf. **éthique.**

**Mots justes.** D'un ami politique qui s'est sorti tant bien que mal d'une situation délicate – en particulier s'il a dû affronter l'angoisse ou la douleur d'autrui – il convient de dire : « M. Untel a su trouver les mots justes. »

**Mouvement.** Euphémisme pour **parti,** auquel ont recours des organisations politiques qui récusent ce terme pour des raisons de principe (mouvements gaullistes) ou, plus généralement, en raison de l'image souvent négative qui est la sienne. Il va de soi qu'il serait fort difficile de trouver des différences de fait correspondant à cette différence de terminologie.

**Moyen d'expression.** Comme **phénomène de société, moyen d'expression** est une façon de justifier, à partir du postulat implicite que toute expression est bonne, des activités controversées : « La violence est un moyen d'expression. » Le problème est évidemment de savoir *ce qui ne saurait être* un moyen d'expression.

**Moyens de sa politique.** Une autorité qui sollicite la collaboration ou le feu vert d'une autre – par exemple un gouvernement qui demande l'adoption d'une mesure législative – demande qu'on lui accorde les **moyens de sa politique.** La formule est donc un moyen de mettre l'autre devant ses responsabilités. Inversement elle peut véhiculer une fin de non-recevoir : « M. Tartempion doit prendre les moyens de sa politique » signifie qu'on n'a pas l'intention de les lui fournir.

# N

**Nation.** On entend par **nation** l'idée d'un être collectif, transhistorique et personnalisé, défini par des caractères objectifs tels que la langue (conception allemande) ou fondé sur une volonté de vivre ensemble (conception française). En tant qu'entité abstraite, la nation s'oppose au peuple, entendu comme la totalité des individus concrets. Le terme est fortement ambivalent. Sacralisé dans certaines traditions (le gaullisme par exemple), il est honni par d'autres qui valorisent au contraire l'**internationalisme.** Mais cette ambivalence n'est pas seulement le reflet de partis pris idéologiques opposés. Dans l'ordre interne en effet la nation est un concept englobant et fédérateur, qui garantit à ses diverses composantes le respect de leurs intérêts fondamentaux – et exclut en principe l'idée de guerre entre elles. Dans l'ordre international en revanche l'idée de nation implique le risque de rivalités, de conflits et donc de guerre. On peut donc aussi bien considérer la nation comme unification du divers que comme diversification de l'unique humanité. D'où il résulte qu'en l'espèce l'ambivalence du terme n'est que le reflet de l'ambiguïté du phénomène.

**Nationalisme.** Il est remarquable qu'à la différence de **nation,** nationalisme soit exclusivement péjoratif. Il ne désigne en effet que la nation au deuxième sens, extérieur et donc potentiellement agressif. Jadis on opposait au **nationalisme** (mauvais) le **patriotisme** (bon).

**Nazi.** A la différence de **fascisme** qui passe pour exprimer une essence transnationale et transhistorique, le terme nazi ne réfère qu'à des réalités allemandes et passées. (D'éventuelles résurgences, y compris en France, sont qualifiées de **néo-nazies,** ce qui marque bien la différence.) Mais, même dans ce cadre, l'évolution du monde depuis cinquante ans a commandé quelques remaniements. En effet pendant la seconde guerre mondiale, les collaborateurs n'appelaient leurs alliés et les résistants leurs ennemis qu'*allemands*. (Dans les pays anglophones en revanche le terme **nazi** était massivement employé.) C'est seulement dans le discours rétrospectif que les armées qui occupaient la France sont devenues des armées **nazies,** bien qu'à l'évidence la majorité des officiers et des soldats n'aient pas été membres du Parti national socialiste.

**Négationnisme.** Qualifie l'attitude des individus qui, au mépris de toute évidence, nient l'existence des chambres à gaz pendant la seconde guerre mondiale. Ce mot, exclusivement péjoratif, a été substitué par leurs adversaires à celui de **révisionnistes** qui, dans l'esprit de ses promoteurs, avait valeur d'éloge.

**Négocier, Négociation.** Admettre que l'on **négocie** avec la partie adverse suppose qu'on accorde à celle-ci une certaine représentativité. C'est pourquoi l'emploi de ce mot constitue déjà une concession, qu'on n'accorde par nécessairement d'emblée. Tant qu'on s'y refuse, on se borne à **discuter.** Le discours des valeurs implique d'autre part que l'on fasse l'éloge systématique de la **négociation,** toujours préférable aux solutions de force. Mais il arrive que l'une des partis entende par **négociation** la reddition sans condition de l'autre partie et appelle à **négocier** tant qu'elle n'a pas obtenu celle-ci.

**Nervi.** Homme de main. Le mot est surtout utilisé dans le cliché syndical «les nervis du patronat». Le caractère obscur et spécialisé du terme lui confère une aura inquiétante, hautement péjorative.

**Nivellement par le bas.** Cliché traditionnel de la rhétorique conservatrice et qui constitue à peu près l'équivalent péjoratif de *démocratisation*. L'idée est que le mot d'ordre d'égalité ne pouvant se traduire par l'élévation du niveau des moins bons, elle ne saurait avoir d'autre contenu que l'abaissement des meilleurs. Bien qu'elle s'apparente de fort près, du moins si l'on pose le problème en ces termes, à une lapalissade – ou peut-être pour cette raison même – la formule présente un caractère de marqueur idéologique exceptionnellement fort.

**Nomenklatura.** Terme russe qui désignait la liste des dirigeants soviétiques admis à bénéficier de certains privilèges. A la suite de la traduction du livre de M. Voslenski (1980) le mot a connu en France un succès inattendu, avec le sens de caste privilégiée exerçant le pouvoir dans un régime totalitaire.

**Normalisation.** Euphémisme désignant, sous l'évocation trompeuse d'un retour à la normale, le processus de reprise en main et de répression opéré par un régime totalitaire après une tentative de révolte de la population. L'exemple classique, qui a imposé le mot, est évidemment celui de la **normalisation** de la Tchécoslovaquie après l'échec du printemps de Prague et l'intervention des forces du pacte de Varsovie en 1968.

# O

**Observateurs politiques.** Lorsqu'on rapporte une opinion, il est traditionnel de l'attribuer aux **observateurs politiques.** Il va de soi que cette qualité n'est ni définie ni garantie par personne.

**Officines.** Terme très péjoratif pour désigner des lieux mal identifiés où des machinations politiques sont censées ourdies par des adversaires peu scrupuleux.

**Opposition.** Pour les partisans de la majorité, le terme est associé aux idées de minorité, d'impuissance, de négativité et de critique stérile. Pour les partisans de l'opposition celle-ci implique courage, désintéressement, anticonformisme, conviction. La seconde se voit comme **opposition constructive** (formule inventée par Guy Mollet au début de la Ve République) là où la première ne voit qu'une **opposition systématique.**

**Ordre.** L'**ordre** fut longtemps le maître-mot et, en un sens, le but unique de toute politique. Tout ce qui était accompli au nom de son maintien était par là même légitimé. Par un spectaculaire retournement le mot est aujourd'hui presque toujours vecteur de dérision

(« L'ordre règne à... »). Les phénomènes auxquels on l'associe sont *ipso facto* délégitimés. (Il va de soi que le changement des valeurs des mots a essentiellement pour conséquence que certaines activités, autrefois proclamées, s'opèrent aujourd'hui sans dire.)

**Ordre moral.** La formule figure dans le manifeste de Mac-Mahon (25 mai 1873). Pour ses partisans, l'**ordre moral** (qu'il fallait *rétablir*, non *établir* ou *conserver*) était donc un objectif proclamé. L'expression est longtemps demeurée un souvenir historique, vestige d'une tentative politique définitivement condamnée après les élections de 1877. Mais elle est réapparue aujourd'hui, cette fois comme repoussoir et sans bien sûr que son origine soit évoquée (et sans doute connue). Elle constitue l'un des concepts clés de la politique contemporaine. Radicalement péjorative, elle sert en effet à qualifier toute tentative (réelle ou imaginaire) pour imposer des valeurs condamnées par le locuteur. Elle est donc l'exact symétrique de **politiquement correct** (pris évidemment au sens direct). Toutefois, l'usage du terme est différencié : on peut qualifier d'ordre moral une campagne contre la légalisation de la drogue, non une campagne antiraciste. Très curieusement, c'est la notion de **politiquement correct** (mais prise cette fois au sens ironique) qui offre à la droite un équivalent d'**ordre moral.**

**Orléanisme.** Doctrine des partisans de Louis-Philippe et de ses descendants, qui s'opposent aux légitimistes, partisans de la branche aînée des Bourbon. Ce souvenir historique n'aurait plus aucune signification contemporaine si certaines analyses n'utilisaient pas ce terme pour décrire une « tradition » de la droite française, modérée, bourgeoise et liée au monde des affaires. Ces trois caractères étant connotés négativement, la formule a valeur péjorative ou du moins ironique.

**Ouvriérisme.** Tendance à récuser tout ce qui n'est pas ouvrier, notamment dans la lutte politique. Dans le vocabulaire communiste, le terme est vivement péjoratif. Le fait, *a priori* paradoxal, s'explique par la conception de parti comme **avant-garde,** et non comme expression du prolétariat ; les intellectuels révolutionnaires, seuls détenteurs de la vraie doctrine, y exercent le rôle dirigeant et n'ont pas à tenir compte des volontés des ouvriers si celles-ci ne se trouvent pas en accord avec celle-là.

# P

**Palinodie.** Mot très aimé des politiques, qui l'emploient parfois au sens propre (rétractation), plus fréquemment comme terme élégant pour désigner de manière méprisante les discours (évidemment pompeux et vides) de l'adversaire.

**Pantouflage.** Action d'un haut fonctionnaire quittant le « service de l'État » pour le secteur privé. Il convient de remarquer que cette formule témoigne d'un univers mental où le privé offre plus d'argent mais autant de sécurité que le public. L'expression, ironique, est parfois franchement péjorative : elle évoque les idées d'idéal trahi et de collusion entre État et intérêts privés.

**Parler-vrai.** La formule mêle les idées de discours compréhensible (par opposition à **langue de bois**) et de parler véridique (par opposition à mensonge). Il est permis de s'en faire compliment, bien qu'à y réfléchir le fait de tourner en éloge une telle constatation ne soit guère flatteur pour la corporation dans son ensemble.

**Parti de l'étranger.** Accusation jadis très péjorative, puisqu'elle assimilait ceux qu'elle visait à des traîtres. La formule ne s'emploie plus guère, soit que le phénomène ait disparu, soit qu'il ait cessé d'être condamnable. Sa dernière manifestation semble avoir été **l'appel de Cochin.**

**Passéiste.** Qui considère comme des valeurs certains phénomènes, attestés dans le passé et tenus pour mauvais par le locuteur. La formule suppose en effet un tri implicite entre le bon passé – intemporel, donc présent – et le mauvais. Un éloge de la Révolution française ne doit pas être qualifié de **passéiste,** bien que celle-ci soit plus ancienne que bien des phénomènes auxquels ce qualificatif est attribué.

**Patriotisme.** Il était de coutume naguère d'opposer le bon **patriotisme** au mauvais **nationalisme.** Le mot a aujourd'hui quasiment disparu.

**Pêcheur à la ligne.** Abstentionniste. La formule est modérément péjorative, impliquant l'ironie plutôt que la dénonciation. Notez les connotations de l'activité évoquée : individuelle, attentiste, rurale, lente.

**Pensée unique.** Acquisition récente du **vocabulaire politique,** l'expression **pensée unique** est d'une exceptionnelle richesse. Elle sert à dénoncer le conformisme intellectuel et moral, plus particulièrement l'esprit d'orthodoxie en matière économique et financière, et l'indifférence de ses partisans aux conséquences humaines qu'entraîne une application sans nuance de leurs principes. La formule constitue donc d'abord un doublet péjoratif de **consensus.** Mais en outre s'en prenant à la forme de la pensée, elle permet de disqualifier tout contenu en faisant l'économie d'une discussion sur le fond ; il n'y a plus à réfuter la **pensée unique** – formule qui ne qualifie d'ailleurs pas celle-ci de *fausse* – puisqu'il suffit qu'elle soit unique pour être réfutée. Solution élégante et d'une grande économie de moyens (surtout si l'on considère qu'en langage courant **pensée unique** pourrait, dans certains cas, se traduire par *principe de réalité*). La formule est donc à la fois un opérateur de neutralisation et de dévalorisation.

**Perdre son sang-froid.** L'adversaire perd son sang-froid lorsqu'il dit sur vous des choses très désagréables. L'expression est particulièrement utile lorsque ces choses sont, pour une raison ou une autre, difficiles à réfuter : elle permet en effet de ne pas répondre sur le fond.

**Personnel.** Adjectif péjoratif quand il qualifie les substantifs *ambition, attaque, aventure, échec, pouvoir*; approbatif dans le cas d'*ami*; ambivalent appliqué aux mots *démarche* et *victoire.*

**Petite phrase.** Désigne d'abord une formule courte mais bien frappée qui, par son caractère explosif, occulte dans les commentaires médiatiques le reste du texte ou de la déclaration dont elle est extraite: c'est autour d'elle que le débat politique va s'organiser. Puis formule consciemment mise au point pour être relayée par les médias (ou comment le miroir suscite l'image).

**Petit juge.** Toute l'ambivalence de l'adjectif **petit** éclate dans l'expression **petit juge.** Le **petit juge** est à la fois ce magistrat simple, proche de nous, qui ne craint pas de s'attaquer aux puissants (sens le plus fréquent); mais c'est aussi un individu sans expérience qui n'hésite pas à s'en prendre, pour assurer sa propre publicité, aux élus du peuple les plus irréprochables. C'est donc le contexte, éventuellement l'intonation, qui permet de déterminer la valeur de la formule.

**Peuple.** Longtemps le mot peuple a constitué l'une des références majeures du discours politique. Non d'ailleurs sans ambiguïté car il désignait tantôt une réalité sociale immanente, l'ensemble des individus concrets, tantôt un archétype fantasmatique, source de perfection et de toute légitimité, construit de manière à justifier les partis pris du locuteur et à disqualifier tout ce que le locuteur tient pour indigne du nom de peuple. Si le premier sens est descriptif et relève de la sociologie empirique, le second est normatif et relève de la politique (ou de la sociologie dogmatique et *a priori*, qui n'est que de la politique continuée par d'autres moyens). Pour spécifier ce deuxième sens, on emploie des formules comme **vrai** peuple ou **peuple de gauche,** cette dernière traduisant d'ailleurs quelque embarras. (Y a-t-il un peuple de droite? Si oui, qu'en faire?) L'ambiguïté du mot peuple se reflète dans celle de l'expression **volonté du peuple.**

**Phénomène de société.** A l'origine, l'expression est un cliché médiatique destiné à paraître profond (et qui doit se proférer sur un ton pénétré). Puis elle est peu à peu devenue un opérateur de dévalorisation légitime (exact inverse de banalisation). Qui en douterait n'a qu'à comparer « la drogue est un phénomène de société » et « le racisme est un phénomène de société ». Il est clair que si la première phrase est parfaitement acceptable, la seconde ne l'est pas.

**Plan social.** La formule désigne d'abord le plan d'accompagnement d'une restructuration d'entreprise – souvent accompagnée de licenciements – et destiné à en amortir l'impact. Puis les mots en sont venus à signifier simplement « licenciement collectif». Magnifique exemple d'euphémisme né sur le tas.

**Polémique.** Échange de propos aigres et contradictoires sur un sujet quelconque. Le mot est très aimé des médias, sans doute parce que la chose facilite la réalisation de leur premier objectif, qui est de remplir. Il est à noter que personne ne semble imaginer qu'une polémique doive déboucher sur l'établissement de la vérité : d'un point de vue médiatique, l'échange d'arguments contraires jusqu'à la consommation des siècles paraît suffisant.

**Politicien.** Si **politique** n'est pas toujours péjoratif, **politicien** l'est très généralement : le mot est même aisément ressenti comme terme de mépris. Aussi les professionnels ne l'utilisent-ils quasiment jamais, même pour désigner l'adversaire. L'équivalent neutre est *homme politique*. A noter que le terme **politicienne** n'est utilisé que comme adjectif, alors que l'on peut dire une **femme politique.**

**Politique.** Paradoxalement, l'usage du mot **politique** dans le discours politique est relativement peu spécifique. On y emploie souvent le terme, au sens de gestion (politique du lait), de stratégie (politique du gouvernement) ou comme terme de mépris ( « C'est de la politique ! », dit sur le ton convenable, signifie évidemment : « C'est une pratique condamnable »). On utilise aussi le terme dans un sens distinctif, pour opposer un homme politique à un simple particulier, un discours politique à un discours de distribution de prix, etc., mais ce sont là des emplois qui ne s'éloignent en rien du langage ordinaire. Les années soixante-dix ont cependant vu l'apparition d'une innovation remarquable, la **politique politicienne.** Loin d'être un pléonasme, comme certains observateurs feignent de le croire, cette formule vise à réhabiliter implicitement la politique que mène ou défend le locuteur, grâce à la condamnation résolue de la *mauvaise politique* ainsi récusée. Il s'agit donc d'un effort pour sauver le bon grain en stigmatisant l'ivraie – effort qui donne la mesure du discrédit encouru par le mot **politique** dans la société civile, et dont la société politique ne peut qu'enregistrer le progrès.

**Politiquement correct.** Venue d'outre-Atlantique, cette formule a connu en France un succès rapide, mais aussi un sort inattendu, qui l'a rendue paradoxalement ambivalente : 1 / au sens direct et premier, le terme est un opérateur de bonne valorisation : ce qui est politiquement correct doit être pratiqué, ce qui est politiquement incorrect rejeté. Ce sens est compris – sinon la formule deviendrait insignifiante – mais n'est quasiment jamais assumé par le locuteur ; 2 / au second degré, la formule est ironique : elle vise à dénoncer l'étroitesse d'esprit, le moralisme ou le fanatisme idéologique des individus dont elle est supposée exprimer la pensée. Dans ce second sens elle est donc un opérateur de délégitimation qui tend à devenir pour la droite ce qu'**ordre moral** est à la gauche. On peut dire (ironiquement, donc péjorativement) de l'antiraciste qu'il est **politiquement correct.**

**Politisation.** Le terme peut avoir un sens descriptif. Il rend compte alors d'un fait objectif : dans le cadre d'une société donnée tous les phénomènes ne sont pas considérés comme politiques, et il existe des passages de la catégorie du non-politique à celle du politique. (Le contraire existe aussi, mais se voit moins.) Dans le **vocabulaire politique,** le terme a le même sens mais avec cette différence qu'il est toujours péjoratif. La politisation est le fait de l'adversaire, qui cherche à se mêler de ce qui ne le regarde pas, ou tente d'obtenir un avantage politique indu en prenant prétexte d'événements dont il ne devrait pas tirer argument. En ce dernier sens **politisation** apparaît proche de **récupération.**

**Pompidolien.** Le mot n'est presque jamais employé comme substantif désignant des personnes. L'adjectif n'apparaît guère que dans « époque pompidolienne ».

**Populisme, populiste.** Longtemps le substantif **populisme** n'a désigné qu'un mouvement révolutionnaire russe du XIXe siècle, caractérisé par sa volonté d'*aller au peuple*. L'adjectif **populiste** n'était usité qu'en critique littéraire : il désignait des romans qui non seulement parlaient du peuple (comme Balzac), en parlaient courtoisement (comme Hugo ou Zola), mais se mettaient en somme au niveau du peuple, adoptaient son langage et ses valeurs. La création du terme était rendue nécessaire par l'ambivalence de l'adjectif *populaire* qui signifie à la fois aimé du public et relatif au peuple. Depuis une dizaine d'années, ces mots ont reçu un nouveau sens, purement politique. Ils manifestent la fin de la sacralisation du **peuple** et son éclatement en un *bon* peuple (qui vote comme le locuteur le souhaite) et un *mauvais* peuple, rétif aux sages conseils de ses guides naturels, politiciens et journalistes. La chose décrite illustre peut-être la haine du peuple pour les élites, mais le mot illustre sûrement le mépris des élites pour le peuple. En ce sens il dépasse la critique (évidemment légitime) de tel ou tel thème particulier et met implicitement en cause l'idée même de démocratie. On a assisté d'autre part à l'élaboration de thèses pseudo-savantes qui dressent la généalogie du mouvement, depuis les populistes russes jusqu'à tel ou tel dirigeant français contemporain en passant par l'éphémère *People's party* américain et quelques formations politiques d'Amérique latine, et cherchent ainsi à en dégager l'*essence*. Effort évidemment déçu : la tentative témoigne seulement de la tendance irrépressible de l'esprit humain à supposer l'existence d'une chose dès que le hasard a imposé l'usage d'un mot.

**Poujadisme.** Du nom de M. Pierre Poujade, papetier à Saint-Céré (Lot) et fondateur de l'Union de défense des commerçants et artisans. Le terme a longtemps servi à désigner une forme de démagogie de droite, conservatrice, rurale, chauvine, en lutte contre l'évolution économique, l'**inquisition fiscale** et la **classe politique.** Le terme est en déclin, à la fois parce que les catégories sociales porteuses de ces idées ont largement disparu, parce que les tendances psychologiques sous-jacentes s'articulent autour d'autres thèmes et parce que le mot est concurrencé par le vocable **populisme.**

**Présidentiable.** Le terme présidentiable a été inventé sur le tas pour désigner un fait intuitivement et politiquement clair mais dépourvu de toute traduction juridique : parmi les dirigeants politiques, certains – qui ne sont pas et ne seront peut-être jamais candidats effectifs à la présidence de la République – possèdent un poids politique, une envergure personnelle, un écho dans l'opinion qui peuvent les faire considérer sans absurdité comme des candidats potentiels. Le qualificatif **présidentiable,** décerné sans garantie et de façon absolument précaire par un consensus politico-médiatique, constitue à la fois la mesure et le moyen de leur prestige et de leur influence.

**Privilèges.** Droits acquis des autres.

**Professionnel.** Qualificatif devenu, sous l'influence américaine, un des plus flatteurs de la langue française, sauf dans l'expression *professionnel de la politique*.

**Provocation.** Une initiative de l'adversaire peut être qualifiée de **provocation.** Une **provocation** justifie des représailles. Il est donc peu probable que l'on puisse exhiber des critères objectifs de la **provocation.**

**Programme.** Selon la conjoncture, c'est-à-dire selon le scepticisme des électeurs, **programme** est un mot magique, panacée dont la mise en œuvre terrassera tous les maux, ou une formule prononcée du bout des lèvres, parce qu'il faut bien accomplir le rite. Dans les deux cas, après les élections un consensus implicite des hommes politiques et de l'opinion publique fait que les **programmes** ne sont plus guère évoqués.

**Progrès.** Naguère encore opérateur de bonne valorisation très efficace, censé transfigurer tout phénomène, même peu sympathique *a priori*, auquel il était appliqué, le mot **progrès** tend à disparaître du discours politique, du moins quand il est précédé d'un article défini. Nul doute que cet effacement ne marque une date importante dans les représentations collectives.

**Projet.** L'idée de projet, plus vague et mystérieuse, tend à se substituer à celle de **programme.** Son absence est tout à fait condamnable : « Vous n'avez pas de **projet** pour la France. »

**Proximité.** Censé constituer un antidote contre les grandes promesses qui ont déçu l'électeur et fait de lui un **pêcheur à la ligne,** le mot de **proximité** s'applique à des réalités diverses et en rapide extension : des *solutions*, des *campagnes*, des *établissements*, une *culture*, par exemple, peuvent être de **proximité** ; cf. **Concret** et **terrain.**

**Psychose.** La crainte de la **psychose** – c'est-à-dire de la panique et non de la maladie mentale – est mise en avant dans les cas où l'on ne souhaite pas voir diffuser des informations alarmantes (criminalité, terrorisme). Elle n'est jamais évoquée quand il s'agit de pollution atmosphérique, de déchets nucléaires, d'amiante, etc.

# Q

**Querelles de personnes.** Les affrontements observables chez les adversaires politiques du locuteur sont des **querelles de personnes.** Son parti connaît en revanche un **débat démocratique** autour de **vrais problèmes.**

# R

**Radical.** Originellement le mot veut signifier intransigeant, sans compromis ; puis l'usure du langage et les pratiques politiques du parti qui portait ce titre ont peu à peu conduit le terme à signifier le contraire.

**Rassemblement.** L'idée de **rassemblement** est particulièrement mise en valeur dans une culture politique qui se pense elle-même comme congénitalement divisée. Le général de Gaulle et les mouvements qui se sont réclamés de lui ont fait du terme un usage spécifique en l'opposant à celui de **parti** qui implique au contraire, selon eux, monolithisme et sectarisme. (Il va de soi que selon les époques l'expression a correspondu à une réalité – en ce sens que le mouvement gaulliste réunissait effectivement des individus venant d'horizons divers – ou s'avère purement décoratif.) Toutefois le thème, dont la valeur positive est forte, peut être utilisé par tout courant politique où apparaissent des divisions.

**Rassembleur.** Homme politique, candidat officiel ou virtuel à certaines fonctions, qui possède le mystérieux pouvoir d'aplanir les conflits idéologiques et les querelles de personnes, ou du moins personnalité sur laquelle s'accordent, éventuellement pour des raisons différentes, des individus qui ne s'entendent ni entre eux ni sur un autre candidat. L'entrée en scène du **rassembleur** doit donc en principe se traduire par une diminution du nombre des candidats. L'antonyme est évidemment **diviseur.**

**Ratisser large.** Adapter son comportement, son discours ou son programme à un public diversifié.

**Reculade.** Si l'adversaire renonce, totalement ou partiellement, à une mesure qu'il avait prise et que l'on a combattue, cette décision – que l'on ne peut condamner puisqu'on la réclamait, mais que l'on doit néanmoins qualifier péjorativement – s'appelle une **reculade.** En effet l'adversaire n'a pas changé d'avis par réalisme, bonne volonté ou meilleure appréciation des choses : il a cédé aux pressions que le locuteur et son parti ont exercées sur lui.

**Récupération.** Ce terme désigne l'attitude d'individus qui utilisent ou sont supposés utiliser des phénomènes extérieurs au champ politique – et notamment des événements dramatiques (catastrophes naturelles, faits divers tragiques) – pour en faire un usage politique. Le caractère péjoratif du mot en fait un opérateur de désimplication : il nie la pertinence du lien établi par l'adversaire entre des séries de faits distinctes.

**Redéfinir.** Lorsqu'on ne dispose pas de solutions efficaces et à court terme pour résoudre un problème, on dit qu'il convient d'en **redéfinir** les termes.

**Redéployer, redéploiement.** Les mesures prises pour accompagner tant bien que mal le déclin d'une activité doivent être qualifiées de **redéploiement,** terme plus viril et volontariste que celui de *réorganisation*.

**Réformer.** En langage courant, le verbe est transitif : on réforme quelque chose. En langage politique, le mot peut être absolu : « Il faut réformer. » En répétant cette formule le nombre de fois convenable, on mérite le qualificatif de **volontariste.**

**Réformes de structure.** Toujours au pluriel, ce qui évite de donner des exemples concrets. Que sont les réformes qui ne sont pas de structure ? Des réformes morales, comme celle de l'abbé de Rancé ? La question n'a pas de réponse claire et l'on peut suspecter la formule d'être un pléonasme. Mais en tout cas il est certain que l'adversaire *ne fait pas* de réformes de structures.

**Réformisme, réformiste.** Ces mots ont longtemps eu valeur péjorative car, implicitement opposés à **révolution** et **révolutionnaire,** ils impliquaient à la fois illusion et trahison. L'évanouissement de la culture marxiste a provoqué la disparition de ces connotations. Aujourd'hui, par exemple, « syndicat réformiste » est plutôt flatteur.

**Réhabilitation.** Ce concept central de l'histériographie journalistique (« le P$^{r}$ Tartemolle réhabilite Caligula ») est peu employé en politique, où les réhabilitations, rares d'ailleurs, se font sans dire ; voir **banalisation.**

**Réinventer.** Tout phénomène qui pose un problème doit être **réinventé.** (« Il faut réinventer les artichauts ! ») La formule s'écrit toujours à l'optatif et au futur, jamais à l'indicatif et au passé. Et il serait effectivement très difficile de citer un seul exemple de réinvention, pour la bonne raison que le mot est autocontradictoire. Malgré – ou à cause – de cet état de chose, le terme peut s'appliquer à n'importe quoi et constitue donc une sorte de panacée rhétorique.

**Renoncement.** Perte de l'ambition collective, notamment dans le vocabulaire gaullien. Ne s'emploie plus guère.

**Rénovateurs, reconstructeurs, refondateurs.** Termes successivement utilisés par les militants communistes critiques, qui entendaient transformer leur parti de l'intérieur. On notera que les expressions se font de plus en plus radicales à mesure que l'échec devient de plus en plus manifeste.

**Rénovation.** Objectif voulu par tous, mais que seul le parti du locuteur est susceptible d'accomplir.

**Républicain.** Au XIX$^{e}$ siècle le mot s'oppose à la fois à *royaliste* et à **démocratique,** le second terme étant censé décrire un régime où le peuple influerait effectivement sur la marche des affaires publiques, au lieu de se contenter d'élire des *représentants*. La monarchie ayant cessé d'être une hypothèse crédible et la démocratie étant devenue au niveau du langage un impératif non négociable, le mot **républicain** n'a plus d'antonyme. Aussi est-il utilisé rituellement, mais sans passion, sauf dans les moments de grande tension où aucune incantation n'est à négliger.

**Résistancialisme.** Terme péjoratif forgé pour désigner une idéologie ou une mentalité supposées caractéristiques de la Résistance. Usité à peu près exclusivement chez les héritiers du pétainisme et de la collaboration, le mot est intéressant dans la mesure où il montre comment le langage constitue le seul terrain où aucune bataille n'est jamais perdue.

**Responsabilité.** Au singulier le mot désigne une notion juridique (le fait d'être responsable). Au pluriel il est un synonyme de **pouvoir** (accéder aux **responsabilités**). Le jeu sur les deux acceptions permet des variations infinies sur le thème « pas de pouvoir sans responsabilité », alors qu'en pratique le pouvoir se mesure justement à sa capacité d'éluder toute responsabilité. Le mot fameux de Mme Dufoix (« responsable mais pas coupable ») illustre parfaitement cette idée puisque, au-delà d'une distinction parfaitement légitime dans son principe, il a pour but final de *nier* toute responsabilité (pas coupable, donc pas responsable).

**Revendication.** 1 / Exigence présentée à une autorité supposée capable de la satisfaire. Les revendications présentées par le locuteur sont toujours légitimes. Il est à noter que l'expression **revendication catégorielle** est très péjorative, bien qu'on voit mal pourquoi les garçons de café, par exemple, n'auraient pas des revendications à la fois spécifiques et légitimes. Cet état de fait s'explique par un vestige de la conception marxiste dans laquelle le prolétaire ne peut transformer sa situation sans transformer celle du prolétariat. 2 / Communiqué d'une organisation terroriste qui s'affirme responsable d'un attentat. Les médias consacrent une place considérable aux **revendications,** bien que celles-ci soient souvent mensongères, ou à l'absence de **revendication.** Cet exemple montre particulièrement bien à quel point le langage et non la vérité constitue la matière de l'information véhiculée par les médias.

**Révisionnisme.** 1/Le mot est forgé par Lénine et ses partisans pour désigner en le condamnant l'effort tenté par les successeurs de Marx pour *réviser* la doctrine de celui-ci en tenant compte des changements intervenus après sa mort. L'usage même du mot montre que l'on sort de l'univers scientifique – où la révision est la chose la plus naturelle du monde – pour entrer dans l'univers du dogme où une vérité intouchable sert de pierre de touche au réel. 2/Le terme a été repris par les « historiens » qui prétendent « réviser » l'histoire de la seconde guerre mondiale en niant en particulier l'existence des chambres à gaz et en minimisant, pour le moins, l'ampleur du génocide des Juifs. A l'inverse du sens précédent le mot se veut ici approbateur : il insinue en effet que les personnages en question se rebellent contre une *histoire officielle* manipulée et allient donc le courage à l'esprit critique. C'est pourquoi les adversaires de ces pseudo-historiens préfèrent les qualifier de **négationnistes** pour manifester qu'il y a mensonge et falsification de la part de ceux-ci et non *débat* entre des thèses contradictoires.

**Révolutionnaire.** Le terme a toujours été ambivalent. Outre qu'il contient à la fois l'idée de retour éternel et celle d'innovation radicale, il peut être élogieux (invention révolutionnaire) ou péjoratif (violence révolutionnaire). Tout est donc affaire de locuteur et de circonstance : dans la mouvance de Mai 68, ce qui était **révolutionnaire** était par là même sanctifié.

# S

**Sectarisme.** Le mot a perdu toutes les connotations religieuses que son étymologie pourrait impliquer. Il désigne, de manière absolument péjorative, l'attitude intellectuelle et morale des militants ou dirigeants politiques qui, d'une part, manifestent une intolérance systématique à l'égard des opinions des autres – adversaires ou partisans de la même cause, mais séparés d'eux par des divergences quelconques – et qui, d'autre part, réservent systématiquement les avantages dont ils peuvent disposer à leurs amis politiques.

**Sécuritaire (idéologie).** Formule mise au point au cours des années soixante-dix pour désigner de façon péjorative le fondement théorique supposé de la lutte contre la criminalité dont le gouvernement de l'époque – comme c'est souvent le cas des gouvernements de droite – faisait un cheval de bataille politique. Le désir de sécurité pour autrui et pour soi-même peut donc être condamné.

**Service.** Il est conseillé de dire : « Pour moi, la politique est un service » ou « la politique, c'est de se mettre au service des autres ».

**Simpliste.** Les solutions que l'on ne veut pas appliquer, pour une raison ou une autre, sont **simplistes.** L'argument est fort, puisqu'après tout il est toujours possible de trouver plus compliqué...

**Social.** Le mot a au moins trois sens : 1 / qui a rapport à la société. Cet usage est assez rare dans le discours politique. Dans celui-ci comme dans le langage commun, le mot est d'ailleurs concurrencé ici par le terme *sociologique*, qui devrait seulement s'appliquer, en principe, à ce qui concerne la *science* de la société mais qui semble tellement plus profond... ; 2 / qui s'oppose à *économique* : le **traitement social du chômage**, par exemple, s'oppose au traitement *économique*, qui consisterait à créer des emplois. Cette acception, qui a souvent un fort parfum d'euphémisme (comme dans l'exemple cité), est la plus fréquente aujourd'hui. Elle glisse aisément vers l'idée d'*assistance* puisque par hypothèse seule la solidarité, et non plus la loi du marché, est ici susceptible de jouer un rôle ; 3 / qui s'oppose à politique : un **conflit social** (qui met en présence employeur et salariés), s'oppose à un *conflit politique* (où l'enjeu est le pouvoir).

**Social-démocratie.** Le mot a longtemps servi de repoussoir, pour des raisons d'orthodoxie marxiste. Plus récemment il a parfois été évoqué comme une panacée : la création d'une « véritable social-démocratie » est censée résoudre tous les problèmes du socialisme français, sans d'ailleurs que la nature et les moyens de cette opération soient autrement définis.

**Solution miracle.** Il n'y en a pas. Après les élections, les vainqueurs le disent explicitement ; avant, les diverses propositions et promesses ne s'appellent pas ainsi, même si elles doivent résoudre miraculeusement les problèmes.

**Sortant.** Parlementaire qui siégeait dans l'Assemblée soumise à renouvellement. Le mot, neutre dans le vocabulaire de la science politique (« M. Dugenou, député sortant, ne se représentait pas »), est fréquemment péjoratif dans le vocabulaire politique : il évoque les idées de situation acquise, de privilèges, de professionnel de la politique, etc. « Sortez les sortants ! » fut un slogan porteur sous la IVe République, mais ce genre d'insolence n'a plus cours.

**Source bien informée.** Une information dont on ne communique pas la source est dite de **source bien informée.**

**Sous-marin.** Individu qui participe aux activités d'une association ou d'un groupe quelconque sans révéler qu'il est membre d'un parti et qu'il sert les intérêts de celui-ci. L'expression est particulièrement associée au Parti communiste qui fit un usage systématique de cette technique. Plus spécifiquement, candidat présenté en **sous-marin** par une formation politique dans le but de faire perdre des voix à l'adversaire.

**Soutien.** Aide apportée – sous quelque forme que ce soit, y compris la neutralité bienveillante – à une action politique. L'attitude du Parti communiste à l'égard du gouvernement du Front populaire s'est résumée dans la formule, restée proverbiale, « soutien sans participation ».

Elle est citée généralement dans un sens ironique comme présageant des suites moins fraternelles. On dit aussi, pour exprimer l'idée de mauvais **soutien** : « Il le soutient comme la corde soutient le pendu. »

**Stabilité.** Bonne durée, indispensable pour gouverner, réformer, etc. La stabilité de l'adversaire s'appelle de l'**immobilisme.**

**Stalinien.** Le mot, à la fois substantif (partisan de Staline) et adjectif (qui a rapport avec le régime, l'idéologie, les méthodes, etc., de Staline), fut longtemps élogieux, du moins dans l'univers communiste : le titre de « meilleur stalinien de France » était très envié. Cependant la révélation – ou plutôt la reconnaissance, car la vérité était depuis toujours accessible à tous, pourvu qu'on ne refusât pas de la voir – des crimes de Staline aboutit finalement, quoique non sans réticence et lenteur, au triomphe du sens péjoratif. Celui-ci s'élargit d'ailleurs pour désigner toutes les formes de totalitarisme communiste, y compris celles qui se sont développées après la mort de Staline ou contre lesquelles il s'était farouchement battu (Tito). A la grande époque du gauchisme, l'abréviation **stal** était très prisée. Elle véhiculait à la fois un intense mépris et une sorte de familiarité : le genre de sobriquet qu'on se donne entre frères, frères ennemis mais frères. L'expression **stalinien de droite** a été parfois utilisée pour stigmatiser des personnes supposées aussi dogmatiques et intolérantes que les staliniens, mais à droite. Son succès est resté limité, sans doute en raison de sa saveur paradoxale aux yeux du sens commun, peut-être en raison de son caractère contradictoire : elle impliquait en effet simultanément que le stalinisme était le mal absolu et qu'il convenait de le combattre avec mesure, sous peine d'être tenu pour un **anticommuniste primaire.**

**Subsidiarité.** On sait que l'on appelle principe de **subsidiarité** la règle – que l'on voudrait voir appliquée par les institutions européennes – selon laquelle un problème doit être traité au niveau le plus bas compatible avec une solution efficace. Mais comme l'idée de traitement efficace est évidemment fondée sur une appréciation subjective, le principe permet de justifier aussi bien la compétence que le dessaisissement de n'importe quelle autorité en n'importe quelle matière. Elle permet donc de rationaliser toute décision préalable, fondée sur quelque motif que ce soit.

# T

**Technocratie, technocrate.** L'étymologie du terme semble en indiquer le sens : la technocratie serait le gouvernement des techniciens, fondé sur leur compétence réelle ou supposée, et qui se substituerait à celui des détenteurs légitimes du pouvoir, c'est-à-dire, dans le cadre du régime démocratique, les représentants élus du peuple. Cette définition n'est pas fausse, et le phénomène peut faire l'objet d'études empiriques, qui en établiront ou non la réalité. Mais l'usage du mot est à la fois plus vaste et plus vague. La **technocratie** est une figure mythique du mal, absolument mauvaise (il ne saurait y avoir de *bonne technocratie*) et qui n'existe qu'aux yeux de ceux qui la dénoncent. Les technocrates en effet non seulement ne se définissent pas comme tels, mais ne se définissent pas du tout : pour eux ils sont des agents de l'État, soumis à un pouvoir hiérarchique traitant avec objectivité des problèmes réels, et la **technocratie,** à la lettre, n'existe pas. Il y a donc asymétrie, non seulement sur la valeur du phénomène, mais sur son existence même, entre le point de vue des pourfendeurs de la **technocratie** et la défense des accusés. Dans un tel contexte la seule réalité incontestable est le mot, brandi comme une arme ou dénoncé comme une illusion. Il convient de remarquer d'ailleurs que l'usage de celui-ci varie avec la conjoncture : très usité dans les années soixante où un exécutif fort imposait ses solutions en s'abritant derrière l'objectivité prétendue de la technique, il a ensuite été mis en veilleuse à l'époque du retour de la politique (période des alternances) avant de revenir en force comme accusation dirigée contre les technocrates bruxellois. Il présente également la caractéristique intéressante de pouvoir servir tant à l'opposition – qui dénonce le pouvoir technocratique – qu'au gouvernement qui trouve dans les résistances que la **technocratie** est censée opposer à ses volontés une excuse durable de ses échecs.

**Technostructure.** Mot vide, dont on ne sait même pas exactement s'il désigne des individus, des groupes d'intérêts, un système de commandement ou une entité abstraite et invisible qui régirait les sociétés humaines par sa logique propre, sans être contrôlée par personne. Mais ces incertitudes, loin d'affaiblir la portée du terme, tendent à l'accroître : dans ce flou, on peut en effet mettre ce que l'on veut, projeter tous ses fantasmes, trouver tous les boucs émissaires opportuns.

**Tendance.** Groupe organisé au sein d'un parti politique. Le mot est plus fort que **courant** mais moins que **fraction.**

**Terrain (homme de).** Éloge très prisé, et que l'on peut s'adresser à soi-même. A la différence de l'idéologue, de l'intellectuel enfermé dans sa tour d'ivoire, du professionnel exclusivement préoccupé de sa carrière, l'homme de **terrain** s'attaque aux **vrais problèmes.** Il propose des solutions **concrètes** et fait œuvre de **proximité.**

**Tolérance.** Jusqu'au XVIIIe siècle, le mot **tolérance** a une valeur péjorative. La vérité étant supposée connue, tolérer l'erreur est à la fois une faiblesse et un manque de charité à l'égard des innocents (car cela facilite la propagation du mal) comme des coupables (qui sont ainsi privés de la possibilité de s'amender et d'expier leurs fautes). Au XVIIIe siècle, les philosophes des lumières vont renverser la signification du mot. Pour eux la **tolérance** est un devoir, celui d'accepter les opinions d'autrui (et d'abord les opinions religieuses) dès lors qu'elles ne portent pas atteinte aux individus et à la collectivité. A l'époque contemporaine, la notion redevient un concept central de la vie sociale. Il faut se dire tolérant et l'accusation d'**intolérance** disqualifie toute thèse à laquelle elle s'applique : l'idée de *mauvaise tolérance* est absolument inacceptable tout comme celle de *bonne intolérance*. Mais ce triomphe apparent laisse pendante la question centrale : faut-il tolérer l'intolérance ? Il est clair qu'une réponse négative et une réponse positive ruinent également le principe de départ. Quant à dire qu'il convient de tolérer ce qui est tolérable, c'est évidemment une pétition de principe. Il y a lieu de craindre qu'en pratique le résultat soit le suivant : autrui a l'obligation de tolérer *mes* idées et *j*'ai l'obligation de tolérer *ce qui est tolérable* dans les opinions d'autrui. Chacun appelle tolérance l'exact niveau de ce qu'il est prêt à tolérer chez autrui et l'obligation qu'autrui a de tolérer sa conduite, non un principe extérieur sur lequel il réglerait son comportement et qui serait donc de nature à modifier celui-ci. D'où l'usage essentiellement instrumental du mot : les causes les plus intolérantes peuvent réclamer la **tolérance** avec la plus parfaite bonne conscience et il n'est pas de cause qui ne puisse être persécutée au nom de la **tolérance**. Peu d'exemples montrent l'ampleur du gouffre qui peut se créer entre l'absolu *verbal* d'un mot sacralisé et les incertitudes, voire les paradoxes, impliqués par son application au réel.

**Tolérance répressive.** Expression aujourd'hui tombée en désuétude, mais qui eut son heure de gloire dans les années soixante-dix. Elle servait à désigner l'attitude de « la société » qui ne réprimait pas sauvagement certaines actions ou modes gauchistes ; non par libéralisme (comme elle-même aimait à le dire) mais dans le but machiavélique de *réprimer* les révolutionnaires et en les abreuvant de facilités matérielles et en les privant de martyre. La formule est intéressante par la naïveté qu'elle implique (les révolutionnaires se formalisent de ce qu'on ne les aide pas à faire la révolution) mais aussi par la capacité du langage à forger, dans une situation de nécessité, les instruments les plus improbables.

**Transparence.** La transparence est en principe une des valeurs essentielles de la politique contemporaine, mais c'est une valeur ambiguë. La lutte contre les pratiques occultes qui encouragent la corruption, le refus du mensonge d'État sont des thèmes avec lesquels on ne saurait être en désaccord. Mais la **transparence** ne peut être poussée à son terme sans entrer en conflit avec des valeurs posées par ailleurs comme des absolus – le respect de la *vie privée* en particulier – ou avec des nécessités objectives de la vie en société (défense nationale). Dès lors une ligne de démarcation est inévitablement, quoique subrepticement, tracée entre les domaines où la **transparence** s'applique et ceux où l'on renonce à l'appliquer. Mais l'usage fétichisé du terme – il n'y a pas de *mauvaise transparence* – interdit toute réflexion explicite sur ce thème et aboutit à un usage non transparent de la **transparence** : en cas de rapports de forces favorables, les individus ou groupes qui ont intérêt à la **transparence** l'imposent au nom des grands principes. Mais si l'intérêt des mêmes groupes est de ne pas y faire référence, le thème sera occulté au point que l'on ne percevra pas son occultation même.

**Traversée du désert.** Formule mise au point pour désigner la période comprise, dans la carrière du général de Gaulle, entre la fin du RPF et mai 1958 – période durant laquelle son avenir politique paraissait définitivement compromis, et où les caravanes se firent rares à ses côtés. Utilisée aujourd'hui pour désigner toute mauvaise passe – provisoire ou supposée telle – dans la carrière d'un homme politique.

**Troisième tour social.** Rendez-vous postélectoral et présumé redoutable promis à une majorité victorieuse aux élections législatives – qui ont lieu à deux tours : les syndicats sont censés regagner sur le plan des luttes revendicatives une partie du terrain perdu dans les urnes. Ce qui revient à dire que seule une majorité de droite est menacée d'un **troisième tour social.**

# U

**Unifié.** Adjectif très prisé des mouvements de gauche, notamment chez ceux qui sont issus d'une scission (PSU).

**Union.** Comme les vocables de sens proche **(rassemblement),** le mot **union** exprime une valeur politique fondamentale. Celle-ci est, comme beaucoup de valeurs, un reflet inversé de la réalité : l'union est sacralisée parce que le conflit règne entre adversaires et la compétition entre alliés. Le mot est souvent employé dans la titulature des partis. L'**union de la gauche** désigne l'alliance entre socialistes et communistes. En revanche, la notion d'*union de la droite*, bien qu'à l'évidence l'expression ait un sens – car la droite est à la fois divisée et susceptible d'entente –, est rarement usitée, parce que le mot « droite » est moins porteur de valeur, et aussi, depuis l'apparition du Front national, parce que l'idée d'union soulève la question délicate des relations entre celui-ci et la droite traditionnelle. Quant à l'idée d'**union nationale** elle est, selon les locuteurs et selon les conjonctures, un idéal ou un repoussoir : utopie d'une politique sans conflit ou supercherie qui vise à dissimuler les enjeux réels des antagonismes politiques et sociaux.

**Usure du pouvoir.** Quand le sortant est battu, on dit : « C'est l'usure du pouvoir ! » ; voir **prime au sortant.**

# V

**Valeurs.** L'idée de **valeurs** est au centre du discours politique, puisque celui-ci est avant tout normatif. Mais il est relativement rare que le mot soit revendiqué : il présente en effet une connotation *morale* qui n'est plus guère goûtée de nos jours. L'employer équivaut donc à se *classer*, du moins s'il n'est pas assorti de réserves ou de clins d'œil qui en relativisent la portée.

**Veste (prendre une).** Subir un revers électoral. Les intéressés emploient rarement cette formule, qui ne leur semble pas au niveau de leur drame. De même **retourner sa veste** – c'est-à-dire changer de camp – ne s'emploie pas à la première personne du singulier.

**Vie privée.** Le respect de la **vie privée** est un *impératif*, constamment réaffirmé, qui jouit d'un consensus général (personne ne dit : « Il ne faut pas respecter la vie privée ») et juridiquement protégé. (On sait cependant qu'en pratique la seule défense efficace est l'anonymat garanti par l'indifférence : les individus pris dans la spirale d'un fait divers en savent quelque chose.) Mais qu'en est-il de la *vie privée* des *hommes publics* ? La réponse n'est pas évidente, car des considérations contraires entrent ici en jeu : l'impératif de respect de la **vie privée** se heurte à un autre impératif, qui est celui de la **transparence.** La conciliation de ces valeurs ne peut se faire sans hésitations et ambiguïtés. On sait que, dans les pays de langue anglaise, la **vie privée** des hommes politiques – c'est-à-dire leurs activités sentimentales et sexuelles – est au centre des débats publics où elle nourrit la catégorie spécifique du *scandale*. En France au contraire, elles sont protégées par un tabou d'une étonnante efficacité. Toute allusion relève de l'**attaque personnelle** et les seuls scandales poursuivis par la presse sont de nature financière.

**Violation.** Action très condamnable commise au mépris des droits de l'homme de première génération, c'est-à-dire qui consistent en une prohibition générale. (A l'inverse on ne dit pas que le chômage d'un individu est une **violation** du droit au travail). Un degré inférieur dans l'indignation s'exprime par le terme d'**atteinte.**

**Violence.** Le mot a longtemps pu se dire ou s'écrire tranquillement. Il existait certes une *mauvaise* **violence** (celle en particulier, dont on était victime) mais cela n'empêchait pas de vouer un culte à une *bonne* **violence,** collective, accoucheuse de société, que l'optimisme traditionnel avait la bonté de supposer abstraite, mais que des âmes intrépides savaient assumer même quand elle s'avérait concrète : ainsi Pierre Caron, historien des massacres de septembre, pouvait qualifier décemment l'événement d'« acte de masse ». Depuis cinquante ans la légitimité de ce discours a régulièrement décliné : l'avers de cette médaille est évidemment la promotion des **droits de l'homme** au rang de valeur suprême. Aujourd'hui la **violence** comme moyen de régler les problèmes politiques est unanimement réprouvée. Seule la violence individuelle de groupes marginaux ou supposés tels (à condition qu'ils ne soient pas politiquement incorrects) est excusable comme **moyen d'expression.** En revanche l'expression wébérienne de *violence légitime* est de moins en moins tolérée verbalement : elle paraît une contradiction dans les termes, ce qui évidemment ne fournit aucune lumière sur les moyens de s'en passer ou les conséquences de sa suppression.

**Vipères lubriques.** Formule utilisée par Vychinski, procureur des procès de Moscou, pour désigner les accusés. L'expression n'est qu'un spécimen d'une vaste collection (« reptiles », « chiens galeux », « tas puant de fumier humain », « monstrueux croisement de porc et de renard »), mais elle a connu en France un succès exceptionnel et durable, dû sans doute à ce que l'on pourrait appeler son ignoble poésie. Devenue proverbiale, elle a longtemps servi à évoquer le caractère parfois légèrement excessif de la rhétorique communiste. On peut regretter que « hyène dactylographe » (Fadéev, 1946), au charme plus discret mais plus subtil, n'ait pas connu le même succès.

**Volontarisme.** Le terme **volontarisme,** qui paraît impliquer l'idée d'une action personnelle, résolue, donc efficace, est à la fois le résumé du **vocabulaire politique** et l'un de ses plus beaux fleurons. Quoi de plus **volontariste** que de remplacer l'univers par des mots ? Et quel meilleur discours électoral que de dire : « J'entends mener une politique volontariste ! » Type même de la promesse qui n'engage que ceux qui la reçoivent, la formule s'applique à tous les contextes.

**Volonté du peuple.** L'expression illustre parfaitement l'autonomie du **vocabulaire politique.** Elle pose en effet l'existence d'*une* **volonté du peuple** *préalable à sa manifestation.* Or ce double présupposé est faux : il n'existe pas *une* **volonté du peuple,** mais *des* volontés individuelles, potentielles (tous les individus n'ont pas en permanence une opinion sur la politique étrangère ou la réforme du Code civil), et divergentes. Si l'on peut parler néanmoins d'une **volonté du peuple** c'est parce que l'on a mis au point des procédures de vote majoritaire qui permettent de donner un contenu concret et vérifiable à cette idée (par exemple un vote référendaire). D'où il résulte que la **volonté du peuple** peut être construite, mais ne préexiste pas à sa manifestation. L'usage de l'expression donne cependant au fantôme d'une volonté immanente une apparence d'existence, dont n'importe quel locuteur peut se prévaloir : tout le monde peut s'affirmer interprète omniscient et prophète autodésigné de la **volonté du peuple** et cette affirmation est irréfutable, sauf s'il existe des procédures démocratiques qui permettent aux individus de s'exprimer de façon sincère et de construire ainsi, majoritairement, une volonté populaire authentique.

**Volonté politique.** Toujours absente. On s'écrie : « Il faudrait une volonté politique ! » On déplore un « manque de volonté politique ». Mais quand une décision est effectivement prise, qu'on l'approuve ou non, personne n'éprouve le besoin de dire qu'elle est le fruit d'une **volonté politique.**

**Vrai.** Panacée de la rhétorique politique, l'adjectif **vrai** permet de contourner tout démenti du réel aux principes que l'on ne souhaite pas remettre en cause. Grâce à lui on peut en effet établir que le fait non conforme au droit n'est pas. Menacé d'une conclusion inopportune, il suffit d'opérer une disjonction entre les **vrais** objets – auxquels s'applique seul le raisonnement canonique – et les autres, qui peuvent s'avérer différents sans ruiner celui-ci. Par exemple supposons qu'on affirme : « Tous les membres du parti sont honnêtes » et que la malhonnêteté de

Tartempion, membre du parti, soit néanmoins démontrée. Il devrait en résulter la falsification de la proposition. Mais accepter cette conclusion n'est pas facile. Ne vaut-il pas mieux observer que Tartempion n'a pas sa carte du parti ou n'est pas à jour de cotisation, ou n'est pas digne d'être membre du parti, ou n'est pas représentatif du parti ? Ces quatre arguments – mis en œuvre par ordre préférentiel et selon l'opportunité, car d'efficacité décroissante – établissent tous que Tartempion n'est pas un **vrai** membre du parti. Or, à l'évidence, le principe selon lequel « tous les membres... » ne s'applique qu'aux **vrais** membres. Ainsi l'affirmation peut survivre à l'événement qui devait théoriquement la réfuter. Ce mécanisme est d'application universelle.

Imprimé en France
Imprimerie des Presses Universitaires de France
73, avenue Ronsard, 41100 Vendôme
Octobre 1997 — N° 43 929